Thomas Duxner, Josef Moser

Perspektive Beruf 8

Ein Schülerbuch für das Fach Arbeit – Wirtschaft – Technik
Haupt-/Mittelschule Bayern 8/M8

1. Auflage

Bestellnummer 27006

Haben Sie Anregungen oder Kritikpunkte zu diesem Produkt?
Dann senden Sie eine E-Mail an 27006_001@bv-1.de
Autoren und Verlag freuen sich auf Ihre Rückmeldung.

Liebe Schülerinnen und Schüler,

das Fach Arbeit – Wirtschaft – Technik vermittelt euch zusammen mit den berufsorientierenden Zweigen Soziales, Technik und Wirtschaft ein wirtschaftliches Grundwissen und bereitet euch auf die so wichtige Berufswahl vor. Den Betrieb als Ort des Wirtschaftens und Arbeitens lernt ihr bei Betriebserkundungen in Handwerksbetrieben, Betrieben der Urproduktion und der Dienstleistungen kennen. Mithilfe der Projektmethode lernt ihr, wie man als Produzent, Dienstleister, Anbieter oder Verkäufer wirtschaftliches Grundwissen z. B. bei Fertigungsmethoden, in der Werbung oder im Verkauf praktisch anwendet. Besondere Schwerpunkte in der 8. Jahrgangsstufe sind die persönliche Berufsorientierung mit Betriebspraktika in verschiedenen Betrieben und die Bewerbung um einen Ausbildungsplatz. Wie Arbeit bewertet und bezahlt wird, wie Lohn und Gehalt abgerechnet werden und wie Tarifverträge geschlossen werden erfahrt ihr in Kapitel vier.

Das Inhaltsverzeichnis gibt euch einen Überblick über die einzelnen Kapitel. In der rechten Spalte findet ihr wichtige Inhalte, Techniken und Arbeitsweisen.

Die folgenden Piktogramme helfen euch, sich leicht in diesem Schulbuch zurechtzufinden:

LM Dieses Symbol kennzeichnet Seiten, die euch helfen, bestimmte Aufgaben mithilfe einer Lernmethode zu lösen oder zu erledigen.

M Die mit M gekennzeichneten Seiten sind spezielle Lerninhalte für die M-Schülerinnen und M-Schüler.

BO Diese Seiten dienen speziell der Berufsorientierung. Wichtige Ausbildungsberufe werden übersichtlich dargestellt.

Merke Die Merksätze auf den Seiten solltet ihr euch gut einprägen.
Sie enthalten die wichtigsten Lerninhalte.

Die Arbeitsaufgaben im blauen Kästchen fordern euch auf, Fragen zu beantworten oder Aufträge zu erledigen.

1. Blau hervorgehobene Arbeitsaufgaben sind Differenzierungsaufgaben, die von euch selbstständiges Arbeiten erfordern.

Am Ende eines Kapitels könnt ihr mit den Seiten „Überprüfe dein Wissen!“ und „Auf einen Blick!“ euer Wissen noch einmal überprüfen.
Wir wünschen euch mit diesem Schulbuch viel Spaß und Freude!

www.bildungsverlag1.de

Bildungsverlag Eins GmbH
Hansestraße 115, 51149 Köln

ISBN 978-3-427-**27006**-5

Inhaltsverzeichnis

1 Arbeiten und Wirtschaften im Betrieb

Betriebliche Grundfunktionen

Bei der Vielzahl von Ausbildungsberufen hilft es dir, wenn die Betriebe in Bereiche eingeteilt werden. In der siebten Klasse hast du deshalb diese drei Wirtschaftssektoren kennengelernt:

Primärsektor Urproduktion	Sekundärsektor Handwerk/Industrie	Tertiärsektor Dienstleistung

Ein Betrieb aus diesen Sektoren ist in folgende Bereiche unterteilt:

Beschaffung	Produktion	Absatz
• Wo kauft der Betrieb seine Werkstoffe und Maschinen ein? • Wie lagert er sein Material? • Welche Investitionen sind notwendig? • Für welche Bereiche braucht der Unternehmer Mitarbeiter?	• Welche Güter werden hergestellt? • Welche Dienstleistungen werden angeboten? • Wie läuft die Produktion technisch ab? • Wie wird die Herstellung geplant?	• Wie wird das Produkt beim Kunden angeboten? • Wie wird der Verkaufspreis festgelegt? • Wie sieht die Werbung für das Produkt aus? • Welcher Kundenservice wird angeboten?

Es hilft dir bei deiner Berufswahl, dass alle Betriebe in die drei Wirtschaftssektoren eingeteilt sind. Denn ein Sektor davon wird dir bei deiner Berufsorientierung in der 8. Klasse besonders als Arbeitsbereich zusagen. Du wählst z. B. Berufe für dein Betriebspraktikum aus diesem Sektor aus oder planst zusammen mit deiner Lehrkraft eine Betriebserkundung in einem Betrieb aus deinem „Wunschsektor“.

1. Erkläre den Zusammenhang zwischen den drei Wirtschaftssektoren und den Bereichen Beschaffung, Produktion und Absatz.
2. Finde weitere Fragen zu den drei Unternehmensbereichen.

Lernmethode: Einen Betrieb erkunden

Nach der 9. bzw. 10. Klasse beginnst du eine Ausbildung oder besuchst eine weiterführende Schule. Deshalb ist es wichtig, dass du erfährst, wie unterschiedliche Arbeitsplätze aussehen und auf welche Weise die Menschen in ihrem Betrieb arbeiten. Dabei hilft dir die Betriebserkundung. Du lernst im Klassenverband oder in kleineren Gruppen die Arbeitsplätze in einem Betrieb kennen. Während der Erkundung werden Fragen geklärt, die im Unterricht nicht vollständig beantwortet werden können.

Dabei kannst du deine Eindrücke mit verschiedenen Sinnesorganen aufnehmen.

Informieren	Beobachten	Riechen	Hören	Fühlen

Eine erfolgreiche Betriebserkundung besteht aus drei Teilen:

1. **Vorbereitung – in der Schule oder zu Hause**
   - Organisatorisches (Aufgaben verteilen, Gruppen einteilen,...)
   - Inhaltliches (Informationen zum Betrieb einholen, Beobachtungspunkte sammeln, Fragen entwickeln, Interview vorbereiten,...)

2. **Durchführung – im Betrieb**
   - Richtige Verhaltensweisen beachten
   - Fragen stellen
   - Beobachten und Wahrnehmen
   - Interviewen (Fotoapparat, Aufnahmegerät)

3. **Auswertung – in der Schule**
   - Erfahrungen im Gesprächskreis austauschen
   - Offene Fragen im Gespräch oder mit Medien (z. B. Internet) klären
   - Ergebnisse festhalten (z. B. Berufserkundungsbogen, Plakat, Präsentationsprogramm am PC)

Merke Für eine erfolgreiche Betriebserkundung ist eine gründliche und umfassende Vorbereitung notwendig. In der Nachbereitung sicherst du die Erkundungsergebnisse.

1. Welche Eindrücke kannst du bei einem selbst gewählten Beruf mit deinen Sinnesorganen wahrnehmen?
2. Nenne Gründe, warum die Nachbereitung der Erkundung für dich so wichtig ist.

Erkundungsbereiche bei der Betriebserkundung

Auf den nächsten Seiten werden drei Betriebserkundungen aus den Sektoren Urproduktion (Gärtnerei), Handwerk/Industrie (Schreinerei) und Dienstleistung (Pflegeheim) beschrieben.

Du lernst dabei acht Erkundungsbereiche kennen, die du an den nachfolgenden Symbolen erkennst. Diese stehen jeweils am Beginn der betreffenden Seite, sodass du sofort siehst, wo du Informationen für deinen Erkundungsbereich findest.

B **Beschaffung** – Arbeitskräfte, Betriebsmittel, Werkstoffe, Lagerung

P **Produktion von Gütern** – Arbeitsabläufe, Handarbeit, Maschineneinsatz, Produktbeschreibung

D **Dienstleistung** – Tätigkeiten, Arbeitsabläufe, Nutzen für den Kunden

A **Absatz** – Marketingstrategien, Kundenservice, Einzugsgebiet

BO **Berufsorientierung** – Berufliche Anforderungen, Aus- und Weiterbildung in diesem Beruf

Arbeitsschutz, Arbeitssicherheit – Belastungen bei der Arbeit, Arbeitsbedingungen

Technik am Arbeitsplatz – Wo, wie und zu welchem Zweck werden technische Mittel eingesetzt? Arbeitsökonomie

Ökologische Merkmale im Betrieb – Maßnahmen zum Umweltschutz, zur Abfallentsorgung/-verwertung

Tipps für die Betriebserkundung

Legt aus diesen acht Punkten einige Schwerpunkte fest. Teilt die Arbeitsaufträge gerecht auf, damit kein Gruppenmitglied überfordert wird. Die jeweilige Gruppe sind ist dann der „Spezialist“ für ihren Bereich. Sie bereitet sich nach der Erkundung auf ihre Präsentation vor.

1. Zähle Technik- und Dienstleistungsbereiche in deiner Schule auf.
2. Aus deinem PCB-Unterricht kennst du bereits Schutzmaßnahmen beim Experimentieren. Erläutere Gefahrenquellen und Sicherheitsmaßnahmen.
3. Recherchiere im Internet, wie ein Betrieb seine Abfälle ökologisch entsorgen kann.

BO Gruppenerkundung

Eine Betriebserkundung, bei der 30 Schüler gleichzeitig durch den Betrieb geschleust werden, macht wenig Sinn. Nicht alle Schüler interessieren sich für jeden Beruf in diesem Unternehmen. Einige wirken dann gelangweilt oder stören die Erkundung mit Nebengesprächen. Das macht keinen guten Eindruck! Deshalb ist es besser, die Klasse aufzuteilen. Abhängig von der Betriebsgröße und der Zahl der gleichzeitig erkundeten Betriebe (siehe nächste Seite) sollten die Gruppengrößen zwischen zwei und neun Schüler betragen. Hier werden dir zwei Modelle vorgestellt:

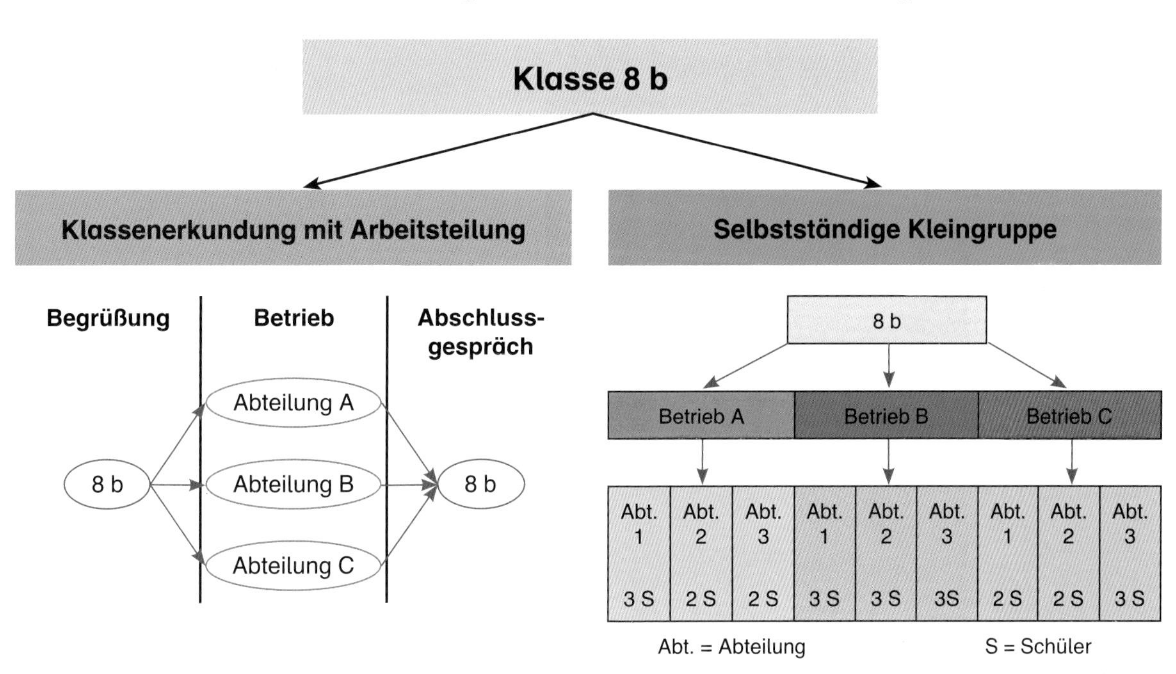

Bildet mehrere Arbeitsgruppen, wenn ihr nur einen Betrieb erkundet. Nach der Begrüßung spalten sich die Gruppen in die unterschiedlichen Bereiche im Betrieb auf (z. B. Beschaffung, Produktion, Verwaltung, Absatz).
Am Ende treffen sich alle Gruppen zum Abschlussgespräch oder zur Klärung noch offener Fragen.

Wenn die Klasse mehrere Betriebe zur gleichen Zeit erkunden kann, ist nur eine kleine Gruppe in einem Betrieb. Diesen erkundet sie entweder gemeinsam, oder sie verteilt sich auf die einzelnen Abteilungen. Mit einem Mitarbeiter erkunden dann nur zwei oder drei Schüler einen Betriebsbereich. Diese Form erfordert eine sorgfältige Vorbereitung von jedem Mitglied.

1. Formuliere die Bitte an einen Betrieb, ob eine geteilte Gruppenerkundung möglich wäre. Begründe deine Anfrage überzeugend.
2. Du willst den Betrieb in mehreren Gruppen erkunden. In welche Bereiche könntest du deinen Betrieb einteilen? Wer könnte dir bei der Planung helfen?

BO „Berufe-Scouts“

Natürlich interessieren sich nicht alle Schüler deiner Klasse für dasselbe Unternehmen. Die einen wollen gerne einen Handwerksbetrieb erkunden, für andere ist ein Beruf in der Industrie oder im Dienstleistungsbereich interessant. Deshalb stellen die Klassen 8 a und 8 b ein Angebot von sechs Erkundungsbetrieben zusammen. Sie nennen ihr Projekt „Berufe-Scouts“. Jeder Schüler kann dabei entscheiden, welchen Betrieb er erkunden will. Lena und Robin sammeln dazu an der interaktiven Tafel die Auswahl ihrer Klassen. Zwei Busse bringen die Schüler am Erkundungstag zu den Betrieben und holen sie nach ca. 2,5 Stunden wieder ab.

Druckerei Waldkraiburg	Krankenhaus Mühldorf	Lebensmittel-herstellung Weiding	Holzwerk Schwindegg	Elektro-Anlagen Aschau	Kunststoff-industrie-betrieb Waldkraiburg
Klassleiter 8a, Herr Hermann	Klassleiterin 8 b, Frau Klos	Fachlehrerin Frau Kahn	Fachlehrer Herr Lahner	Lehrer Herr Siegmund	Fachlehrerin Frau Steffen

Merke Je mehr verschiedene Betriebe angeboten werden,
- desto vielfältiger wird die Nachbereitung der erkundeten Berufe. Das hilft dir bei deiner Berufswahl, weil du dich mit deinen Mitschülern über eure Erfahrungen austauschen kannst.
- desto kleiner sind die Gruppen während der Erkundung. Dies schafft eine angenehme Atmosphäre im Betrieb. Das Erkundungsklima wird persönlicher.

Lernmethode: Eine Betriebserkundung vorbereiten

Eine Betriebserkundung ist ein Projekt, das nur zu einem Erfolg führt, wenn sich alle im Team gezielt vorbereiten. Aber wie geht das im Einzelnen? Die folgenden Punkte helfen dir dabei.

Beobachtungspunkte sammeln

Deine Gruppe braucht eine Arbeitsgrundlage, um möglichst viele Erfahrungen aus der Erkundung festhalten zu können. Sammelt deshalb Fragen und Themen, die euch zu eurem Erkundungsbereich einfallen. Dabei hilft euch folgendes Material:

- Buchseiten mit dem entsprechenden Symbol zu eurem Erkundungsbereich (siehe Seite 10)
- Webseite des Erkundungsbetriebes oder ähnlicher Betriebe
- „BERUF AKTUELL“
- Berufskundliches Material aus dem Internet, z. B. von der Bundesagentur für Arbeit

Experteninterview vorbereiten

- Sammle Fragen an den „Experten“ im Betrieb.
- Stelle W-Fragen. Das sind Fragen, die mit wer, wie, warum, wie viele, was beginnen. Du erhältst darauf ausführliche Antworten, die nicht nur mit ja oder nein beantwortet werden.
- Führt das Interview zu zweit durch.
- Noch einfacher geht es mit einem Aufnahmegerät (Film-/ Tonaufnahme). Dazu musst du aber vorher beim Gesprächspartner um Erlaubnis nachfragen.

Tipps für das Interview

- Schreibe deine Fragen auf Karteikarten. Das sieht beim Interview professioneller aus. Du kannst mehr Blickkontakt halten, wenn du die Karten gut strukturierst.
- Übe das Gespräch in einem Rollenspiel.
- Frage bei den Antworten des Gesprächspartners kritisch – aber ohne zu bewerten – nach.
- Bleibe höflich und äußere dich nicht abfällig über die Mitarbeiter oder den Betrieb.

1. Du besuchst mit deinen Mitschülern einen Betrieb, der für euch seine Arbeit unterbricht und sich Zeit nimmt. Warum sammelst du vor der Erkundung Beobachtungspunkte und Fragen?
2. Der Schüler gibt auf eine Antwort des Befragten folgenden Kommentar ab: „Ich finde das blöd, wie Sie das hier machen.“ Was hältst du von seiner Aussage? Begründe.
3. Welche Merkmale des äußeren Auftretens werden beim Interview im Bild oben gut umgesetzt? Was würdest du anders machen? Übt diese Situation im Rollenspiel.

Lernmethode: Fragen nach der 6-3-5-Methode finden

Beobachtungspunkte und kluge Fragen für das Experteninterview lassen sich gemeinsam besser zusammenstellen. Hier ist Teamarbeit gefragt. Dabei hilft dir die folgende Lernmethode.

6-3-5-Methode

① Teilt euch in Gruppen zu 6 Schülern auf.

② Nimm dir einen Stift und ein Blatt, das du in drei Spalten mit je sechs Feldern einteilst.

③ Jeder schreibt 3 Fragen zu seinem Bereich (z. B. Produktion) in das erste Feld. Dazu hast du 5 Minuten Zeit.

④ Jetzt gibt jeder seinem linken Nachbarn seinen Zettel.

⑤ Nun füllt jeder die zweite Zeile mit Fragen, die mit der darüber stehenden Frage zusammenhängen soll (5 Minuten).

⑥ Danach gibt wieder jeder das Blatt seinem linken Nachbarn und füllt die nächste Zeile mit 3 Fragen.

⑦ Das Blatt wird sooft weitergegeben, bis es einmal die Runde gemacht hat.
Mit Klebepunkten kann sich die Gruppe nun für brauchbare Fragen und Beiträge entscheiden.

Bei kleineren Gruppen zeichnest du entsprechend weniger Kästchen untereinander.

Merke Mit der 6-3-5-Methode lassen sich eure Ideen und Fragebögen in kurzer Zeit entwickeln. Sie lässt sich auch in anderen Fächern anwenden. Du kannst dich z. B. in einer Gruppe von sechs Schülern auf eine Prüfung vorbereiten, indem ihr Fragen zum Lernstoff findet. Diese Fragen versuchen dann andere Gruppen zu beantworten.

1. Warum ist die 6-3-5-Methode besser, als alleine Fragen zu finden?
2. Bildet Gruppen von drei bis sechs Schülerinnen und Schüler. Erstelle für deinen Erkundungsbereich mit der 6-3-5-Methode einen Berufserkundungsbogen bzw. Beobachtungspunkte.

Ein Leitfaden hilft euch, alle wichtigen Punkte zu beachten und im Zeitplan zu bleiben. Setzt euch Termine, bis wann und von wem bestimmte Dinge erledigt sein sollten.

Leitfaden

Kontakt aufnehmen
- Wann, wie lange?
- Wie heißt der Ansprechpartner?
- Wie viele Mitarbeiter können Gruppen betreuen?

Organisatorische Dinge vorbereiten
- Wer
  - begrüßt/verabschiedet die Gruppe?
  - fotografiert?
  - interviewt?
  - bedankt sich im Namen der Klasse?
  - ???

Inhaltliche Dinge vorbereiten
- Informationen zum Betrieb einholen
- Beobachtungspunkte und Fragen sammeln

Verhaltensregeln im Betrieb besprechen
- Wir halten Blickkontakt mit dem Mitarbeiter, wenn er uns etwas erklärt.
- Wir behindern die Arbeit im Betrieb nicht.
- Wir beachten Gefahrenhinweise und die Sicherheitsvorschriften im Betrieb.
- ???

Erkundungsbeginn

„Guten Morgen, mein Name ist Marion Scherf. Könnte ich bitte mit Frau Christ sprechen? Es geht um eine Betriebserkundung, ...“

„Guten Tag, Herr Vetter. Im Namen der Klasse 8 b möchte ich mich schon mal dafür bedanken, dass Sie sich für uns Zeit nehmen.“

1. Teilt euch in vier Kleingruppen auf. Jede Gruppe beschäftigt sich mit einem Bereich (oranges Rechteck) zur Vorbereitung der Erkundung. Was fällt euch zu eurem Bereich noch ein?
   a) Gestaltet dazu ein Plakat und stellt es dann den anderen Gruppen vor.
   b) Hängt die Plakate anschließend im Klassenzimmer aus. Hier könnt ihr Aktuelles zur Betriebserkundung eintragen (z. B. Erkundungstermin, „Grüßer“, Fotograf, ...).

Eine Betriebserkundung durchführen

Nach einer gründlichen Vorbereitung besuchst du jetzt mit deiner Gruppe den Betrieb.

Arbeitsteilung

Man muss sich schon gut konzentrieren, um zuhören, Arbeitsabläufe wahrnehmen und gleichzeitig den Fragenkatalog bearbeiten zu können. Teamarbeit und Aufgabenverteilung erleichtern dabei die Arbeit während der Erkundung.

Richtige Verhaltensweisen

Zeige Interesse und achte auf Benimmregeln. Eure Klasse hinterlässt in der Firma einen bleibenden Eindruck. Dies kann z. B. bei einer Bewerbung um einen Ausbildungsplatz in dieser Firma eine wichtige Rolle spielen

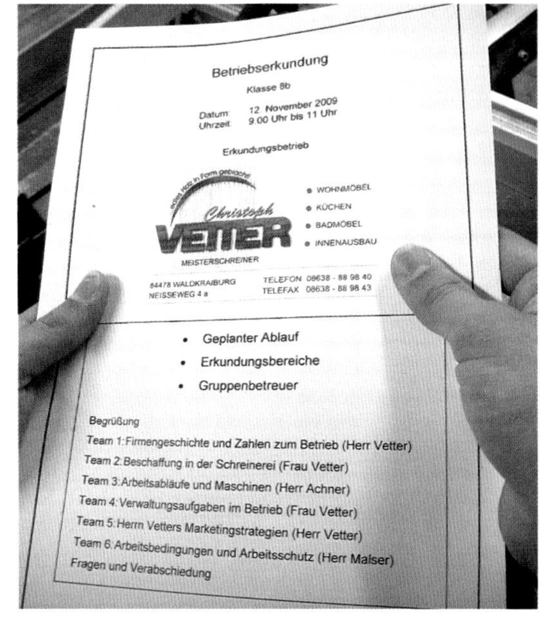

Betriebserkundung

Klasse 8b

Datum: 12. November 2009
Uhrzeit: 9.00 Uhr bis 11 Uhr

Erkundungsbetrieb

Christoph VETTER MEISTERSCHREINER

- WOHNMÖBEL
- KÜCHEN
- BADMÖBEL
- INNENAUSBAU

84478 WALDKRAIBURG
NEISSEWEG 4 a

TELEFON 08638 - 88 98 40
TELEFAX 08638 - 88 98 43

- Geplanter Ablauf
- Erkundungsbereiche
- Gruppenbetreuer

Begrüßung
Team 1: Firmengeschichte und Zahlen zum Betrieb (Herr Vetter)
Team 2: Beschaffung in der Schreinerei (Frau Vetter)
Team 3: Arbeitsabläufe und Maschinen (Herr Achner)
Team 4: Verwaltungsaufgaben im Betrieb (Frau Vetter)
Team 5: Herrn Vetters Marketingstrategien (Herr Vetter)
Team 6: Arbeitsbedingungen und Arbeitsschutz (Herr Malser)
Fragen und Verabschiedung

Beobachten, wahrnehmen, notieren

- Wie arbeiten die Mitarbeiter zusammen?
- Wie sind die räumlichen Umstände (Hören, Fühlen, Riechen)?
- Wie sieht der Arbeitsplatz aus?
- Welche Tätigkeiten verrichtet die Belegschaft?

Fotoapparat, Aufnahmegeräte (Interview)

Führe ein vorbereitetes Interview mit einem Mitarbeiter oder einem Auszubildenden durch (Film- oder Tonaufnahmen). Dieses kannst du z. B. in der Schülerzeitung veröffentlichen. Denke auch an Fotos, die für die Auswertung der Betriebserkundung geeignet sind.

Nutze die Chance für Fragen

Oft fallen dir Fragen erst im Betrieb ein. Verstecke dich dann nicht in der Menge, sondern formuliere eine Frage. Das sagt dem Firmenmitarbeiter, dass du an seinem Betrieb Interesse zeigst.

Merke Im Betrieb musst du die Sicherheitsvorkehrungen und Hinweise der Mitarbeiter einhalten. Frage bei Bild- und Tonaufnahmen die Betriebsleitung um Erlaubnis.

1. Beobachte bei der Erkundung einen interessanten Arbeitsvorgang. Beschreibe ihn ausführlich. Erstelle dazu auch eine Skizze des Arbeitsplatzes.
2. „Du vertrittst im Betrieb deine Schule. Nutze diese Chance!" Erläutere diese Aussage.
3. Besprecht in der Klasse die Bedeutung von aktivem Zuhören bei der Erkundung.

Eine Betriebserkundung nachbereiten

Die Betriebserkundung endet mit einer Aufarbeitung eurer Eindrücke und Informationen in der Klasse.

Berufserkundungsbogen erstellen

Tragt eure Erfahrungen und Ergebnisse in einem Berufserkundungsbogen zusammen. Dazu gehören:

- Informationen zum Betrieb
- Namen eurer Gruppenmitglieder
- Skizze/Bild des erkundeten Arbeitsplatzes
- Informationen zu eurem Erkundungsbereich
- Kurzer Beitrag aus dem Interview
- Was fällt dir noch dazu ein?

Präsentieren

Stellt nun die Ergebnisse in geeigneter Form vor. Dazu stehen euch verschiedene Möglichkeiten zur Verfügung. Somit könnt ihr die Betriebserkundung nochmals „durchleben" und sie anderen Schülern zugänglich machen.

Berufe-Scouts

Schreiner/-in

Wir haben die Schreinerei Vetter erkundet und folgende Informationen erhalten:

Voraussetzungen – Wissen und Können
- Gute Noten in Mathe, TZ und EDV
- Technisches Verständnis für Maschinen
- Räumliches Vorstellungsvermögen
- Hand- und Fingergeschicklichkeit

Voraussetzungen – Kompetenzen
- Kommunikationsfähigkeit
- Teamfähigkeit
- Selbstständigkeit
- Gewissenhaftes Arbeiten

Tätigkeiten
- Entwerfen und Zeichnen von Plänen
- Produkte aus Holz, Holzwerkstoffen, Metallen, Kunststoffen, Glas und anderen Werkstoffen herstellen
- Bedienen und Warten von Maschinen
- Einbauen
- Kundengespräche

Wenn dich das interessiert:
- Handwerkliche Tätigkeit
- Kontakt mit Kollegen
- Technisches Arbeiten
- Werkstücke herstellen

Wenn du das gut kannst:
- Mit Werkzeug umgehen
- Räumliche Vorstellung entwickeln
- Ausdauernd und genau an einem Werkstück arbeiten

Dann mach ein Praktikum in einer Schreinerei!

Die **Berufe-Scouts** wünschen dir bei deiner Berufswahl VIEL ERFOLG!

Seite aus einer Schülerzeitung

Zurückblicken

Überprüft kritisch, ob eure Erwartungen mit den Ergebnissen übereinstimmen. Daniela sammelt dazu auf einer interaktiven Tafel die Beiträge ihrer Klasse in einer Mind Map.

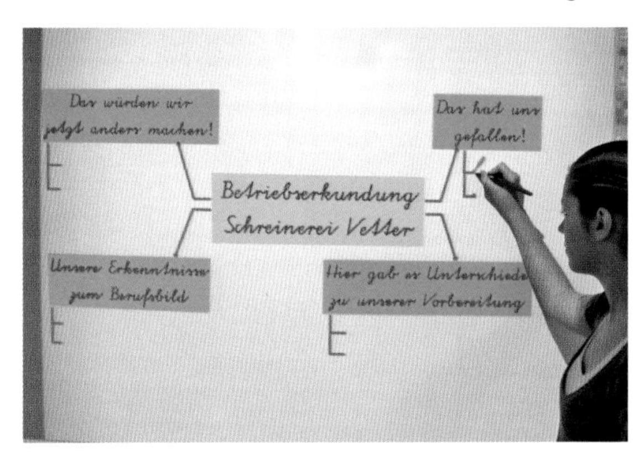

Möglichkeiten der Präsentation:

- Präsentationsprogramm auf dem PC
- Fotoserie mit Informationen auf Stelltafeln oder in Schaukästen
- Beitrag für Schülerzeitung (Bild oben) und Schulradio
- Plakat mit positiven und negativen Eindrücken
- Berufserkundungsbogen
- Bericht für die lokale Tageszeitung

Rückmelden

Ein Dankschreiben ist ein Zeichen der Anerkennung an den Betrieb. Wenn ihr dem Brief noch ein Foto beilegt, hinterlasst ihr im Unternehmen einen positiven Eindruck.

1. Finde weitere Möglichkeiten, die Ergebnisse der Betriebserkundung zu präsentieren.
2. Welche Personen können außer dir noch von deiner Betriebserkundungen profitieren?
3. Zeichne einen Grundriss deines erkundeten Bereichs im Betrieb.

Wir erkunden die Gärtnerei Christ

Frau Christ-Gerlsbeck (Geschäftsführerin) berichtet über ihre Arbeit:

„Den besonderen Reiz macht die kreative Arbeit mit den Pflanzen aus. Kundenwünsche werden mit einem sicheren Gespür für die Zusammenstellung von Farben und Formen gestalterisch umgesetzt. Es liegt uns viel daran, die Lebensqualität unserer Mitmenschen mit einem „grünen Daumen" zu verbessern!"

Betriebsspiegel

Unternehmensart	Endverkaufsbetrieb, Fachbetrieb
Betriebsgelände • Betriebsfläche • Gebäude	Verkaufsfläche 1 100 m² 3 Gewächshäuser mit je 200 m² 2 Folienhäuser mit je 125 m²
Beschäftigte	1 Gartenbautechniker, 1 Zierpflanzengärtner, 3 Floristinnen, 1 Landschaftsgärtner
Produkte	Dünger, Pflanzenschutzmittel, Sträucher, Büsche, Zimmerpflanzen, Trauer- und Hochzeitsfloristik, Zierpflanzen, Geschenkartikel u. A.
Betriebsmittel • Maschinen • Anlagen • Fahrzeuge	Karren-, Rückenspritze, Fräse, Erddämpfer, Häcksler, Schattierung, Energieschirme, Ebbe- und Flutsystem, Kleinlaster, Gabelstapler, Bobcat
Werkstoffe • Rohstoffe • Hilfsstoffe • Zulieferstoffe	 Erde, Samen Dünger, Pflanzenschutzmittel Setzlinge, Stecklinge
Kunden	95 % privat, 5 % geschäftlich
Einzugsgebiet	Umkreis von ca. 50 km

1. Erkundige dich über den Beruf „Gärtner/-in" in „BERUF AKTUELL".
   a) Die Ausbildungsmöglichkeiten in diesem Beruf sind breit gefächert. Nenne die unterschiedlichen Fachbereiche des Gärtners/der Gärtnerin.
   b) Welche Gemeinsamkeiten und Unterschiede gibt es?
2. Erkläre den Begriff „grüner Daumen", den Frau Christ erwähnt.

B

Sabine und Bernhard haben sich auf den Bereich Beschaffung in der Gärtnerei vorbereitet und befragen dazu die Geschäftsführerin:

„Guten Tag, Frau Christ-Gerlsbeck. Wir haben in der Schule die drei Bereiche Beschaffung, Produktion und Absatz in einem Betrieb kennengelernt. Könnten wir ein wenig über die Beschaffung in Ihrem Betrieb sprechen? Wir haben dazu einige Fragen vorbereitet."

Um gewinnbringend produzieren zu können, müssen Rohstoffe, Werkstoffe und Zwischenprodukte rechtzeitig zur Verfügung stehen. Auch die Zahl an Arbeitskräften sowie das Kapital für die Beschaffungen müssen im richtigen Umfang zur Verfügung stehen.

Mitarbeiter, Transporter und Zwischenprodukte

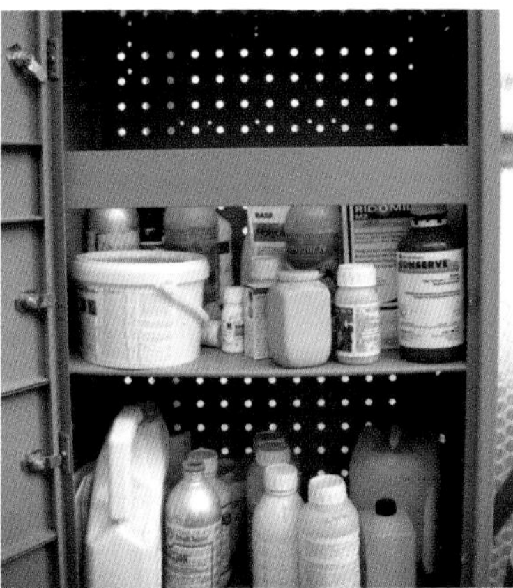

Abschließbares Lager für Dünge- und Pflanzenschutzmittel

Häcksler (Grüngutzerkleinerer)

Frau Christ-Gerlsbeck erklärt zu den Zwischenprodukten:

„Heutzutage lohnt es sich für einen mittelgroßen Betrieb wie den unseren nicht mehr, Blumen und andere Pflanzen von Beginn an großzuziehen. Auf speziellen Blumenmärkten werden die Zwischenprodukte zu einem Preis angeboten, bei dem es sich für uns finanziell nicht mehr lohnen würde, die Pflanzen aus dem Samen zu züchten. Hier spüren wir die steigende Globalisierung."

1. Erstelle einen Fragenkatalog im Bezug auf die Beschaffung im Gärtnereibetrieb.
2. Schlage den Begriff „Globalisierung" nach (Lexikon, Wörterbuch) oder informiere dich im Internet. In welcher Weise spielt sie auch in der Gärtnerei eine immer größere Rolle? Finde Vor- und Nachteile.
3. Beim Wareneinkauf spielt nicht nur der Preis eine Rolle. Worauf sollte Frau Christ-Gerlsbeck noch achten?

Die Gärtnerei züchtet Blumen, die zu bestimmten Jahreszeiten oder für verschiedene Festlichkeiten gefragt sind. Der Gärtner muss z. B. zum Muttertag langfristig und vorausschauend planen, um die Gewächse rechtzeitig und in ausreichender Stückzahl anbieten zu können.

Die Primel – eine Frühlingsblume

Mit leuchtenden Farben sind die Primeln als Vorboten des Frühlings sehr beliebt. Bis zu zwei Monaten kann man sich an ihrer intensiven Farbenpracht im Wohnzimmer erfreuen. Wenn sie dann im Garten ausgepflanzt wird, können sie im nächsten Jahr wieder aufblühen.

Nov.

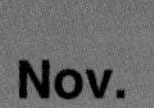

Die Pflanzensamen werden per Hand in Einzelgefäßen eingepflanzt. Die frischen Triebe brauchen regelmäßige Pflege.

Feb./ März

April/Mai

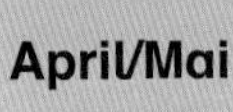

Im Frühjahr wird die Primel – rechtzeitig zur Osterzeit – im Verkaufsraum angeboten.

Technik im Gewächshaus

Die Primeln werden im Gewächshaus künstlich bewässert. Dazu fließt Wasser über Schläuche ins Beet oder es wird von oben besprengt. Das überschüssige Wasser wird in einem Becken aufgefangen und wieder verwendet. Dieser Vorgang läuft vollautomatisch ab. Auch Dünger und Pflanzenschutzmittel werden über Rohrverbindungen zu den Blumen geleitet.

1. Welchen schwer berechenbaren äußeren Einflüssen ist die Gärtnerei ausgesetzt?
2. Überlege dir, auf welche Festlichkeiten sich die Gärtnerei Christ vorbeiten kann. Welche Produkte werden dazu benötigt?
3. Neben der Arbeitserleichterung hat der Einsatz von technischen Geräten eine wichtige Bedeutung für den Umweltschutz. Erkläre den Zusammenhang.

Kundenorientiertes Angebot

Frau Christ-Gerlsbeck hat sich überlegt, wie sie den Umsatz im Betrieb steigern kann. Sie hat festgestellt, dass die Kundschaft Topfblumen häufig zum Verschenken kauft. Deshalb brauchen sie dazu auch das passende Pflanzgefäß und weitere Geschenkartikel. Das bedeutet, dass das Angebot in der Gärtnerei auf die Bedürfnisse der Kundschaft angepasst wird. Die Produktpalette geht daher weit über Blumen und Pflanzen hinaus.

Verkaufsstrategie

Der Betrieb geht auf die – vielleicht noch verborgenen – Wünsche der Kundschaft ein. Außerdem soll sich der Kunde in den Ladenräumen wohlfühlen. Der Besucher soll demnach mehr kaufen, als er zunächst beabsichtigte. Anhand der Bilder kannst du sehen, wie das erreicht wird.

1. Beschreibe die Bilder. Welche Gefühle beim Kunden sprechen die Ware und die Präsentation der Produkte an? In welchen Monaten werden diese Waren angeboten?
2. Erkundigt euch telefonisch bei einer Gärtnerei nach der Angebotspalette des Betriebs. Übt das Telefonat mit verteilten Rollen.
3. Erläutere an anderen Betrieben (z. B. Metzgerei, Bäckerei, Tankstelle), wie die Produktpalette erweitert wurde, um den Betrieb wirtschaftlich zu sichern.

Ökologische Aspekte in der Gärtnerei

Düngung und Pflanzenschutz

Für ein optimales Wachstum benötigen die angebauten Pflanzen neben Kompost und Humus auch Universaldünger und organisch mineralische Dünger. Um schädliche Organismen von dem Anbau fernzuhalten und das Wachstum zu beeinflussen, sind Pflanzenschutzmittel (Herbizide, Insektizide, Fungizide) unerlässlich. Das sind chemische oder biologische Stoffe. Da diese gesundheitsschädlich sein können, werden sie über längere Zeit überprüft. Erst wenn die Wirkstoffe für den Menschen als unbedenklich eingestuft sind, dürfen sie eingesetzt werden. Welche Stoffe dazugehören, regelt eine EU-Richtlinie.

Genehmigte Pflanzenschutzmittel besitzen eine Zulassungsnummer, die zusammen mit diesem Zeichen auf der Verpackung angebracht ist.

Rohrleitungssystem für Dünger

Noppenfolie an Wänden und Decken

Umweltschutz im Betrieb

- Gartenabfälle kompostieren.
- Im Gewächshaus durch Beschattungsanlagen, Wärmeschilder und Noppenfolien Energie sparen (s. Abb. rechts).
- Nützlinge gegen Schädlinge einsetzen (z. B. Marienkäfer gegen Pflanzenläuse).
- Erddämpfer entkeimen die Erde bei 120° C u. a. vor unerwünschten Samen (z. B. Unkräuter) ohne Chemie.
- Bepflanzungsflächen im Herbst und Winter überlegt ausnutzen.

1. Suche die Fremdwörter auf dieser Seite heraus. Schlage dazu im Wörterbuch nach.
2. Warum kann es für deine Berufswahl wichtig sein, dass du von den Nebenwirkungen der eingesetzten Pflanzenschutzmittel für den Menschen erfährst?
3. Erkundige dich in deinem GSE-Buch über die Folgen von Überdüngung.

Berufsbezeichnung
Gärtner/-in – Fachrichtung Zierpflanzenbau

Voraussetzungen und Kompetenzen
- Freude an Pflanzen
- Interesse an Vorgängen in Natur und Umwelt
- Technisches Verständnis
- Handwerkliche Fertigkeiten
- Farben- und Formensinn
- Kontaktfreudigkeit
- Beobachtungsgabe
- Fingergeschicklichkeit
- Freude an der Arbeit im Freien

Arbeitsbedingungen
- Wechselnde klimatische Bedingungen (Kälte, Hitze, Nässe, Zugluft)
- Kreislaufbelastung
- Technikeinsatz
- Arbeit unter Zwangshaltung (gebückt, knieend, in Hocke)
- im Gehen, im Stehen
- Schutzkleidung wegen Dünge- und Pflanzenschutzmittel
- Körperlich schwere Arbeit (z. B. 25-kg-Säcke heben)

Ausbildungsdauer
3 Jahre (duale Ausbildung)

Arbeitsorte
- Gewächshaus
- Im Freien
- Verkaufsräume

Aufgaben
- Blumen und Pflanzen zum späteren Verkauf heranziehen
- Pflanzen durch Aussaat und Stecklinge vermehren
- Saatgut beurteilen und lagern
- Zierpflanzen auswählen und aufbereiten
- Wachstum überwachen und fördern
- Richtige Böden aussuchen
- Gezieltes Bewässern und Düngen
- Zum Verkauf präsentieren
- Vermarktung und Verkauf der Ware
- Kundenberatung

Abschluss
Abschlussprüfung (praktisch und schriftlich) durch die Kammer oder zuständigen Stellen

Berufliche Weiterbildung, Aufstiegsmöglichkeiten
Fachfortbildungen (Umweltschutztechniken, Management), Gärtnermeister/-in, Selbstständigkeit (Pflanzenzuchtbetrieb, Vermarktung), Wirtschafter/-in – Gartenbau, Ingenieur – Gartenbau (Studium)

Weitere Informationen findest du im Internet auf den Webseiten der Bundesagentur für Arbeit und auf anderen berufsorientierenden Internetseiten zum Ausbildungsberuf „Gärtner/-in“.

Wir erkunden die Schreinerei Vetter

David erkundigt sich bei Herrn Achner, was einen Auszubildenden erwartet:

„Schreiner ist ein sehr vielseitiger Beruf mit körperlich anstrengenden Tätigkeiten. Tradition und High-Tech liegen nahe beieinander. Maschinen ersetzen dabei nicht ein gutes Auge und das Feingefühl für Form und Material. Neben einem räumlichen Vorstellungsvermögen ist auch mathematisches Verständnis gefragt. Oft wird unterschätzt, mit wie vielen anderen Werkstoffen wir arbeiten."

Betriebsspiegel

Unternehmensart	Fachbetrieb
Betriebsgelände • Betriebsfläche • Gebäude	 Auf 1 000 m² Maschinenraum, Bankraum, Fertiglager, Büroräume Außenlager, Spänesilo, Heizungsraum
Beschäftigte	3 Meister, 2 Gesellen, 1 Auszubildender
Produkte	Inneneinrichtungen, Küchen, Bäder, Holzböden, Holzdecken, Türen, Fenster
Betriebsmittel • Maschinen • Anlagen • Fahrzeuge	 20 Holzbearbeitungsmaschinen Absauganlage, Lackierraum 2 Liefer- und Transportfahrzeuge
Werkstoffe • Rohstoffe • Hilfsstoffe • Zulieferteile	 Massiv- und Plattenhölzer, Kunststoffe, Metalle, Mineralwerkstoffe Klebemittel, Lacke, Verbindungsmittel Glasbauteile, Fenster- und Türenelemente
Kunden	Privat, gewerblich, über Architekten vermittelt
Einzugsgebiet	Großraum München

1. Zähle Anforderungen an den Azubi auf, die du aus dem Interview mit Herrn Achner entnehmen kannst. Finde weitere wichtige Anforderungen für diesen Beruf.

Organisation der Arbeitsabläufe

Nathalie und Safet befragen Betriebsinhaber Herrn Vetter zur Arbeitsteilung im Betrieb.

„Bis der gewünschte Schrank bei Kunden im Wohnzimmer steht, braucht es einen gut organisierten Arbeitsablauf. Bei der Kundenberatung plane ich das Produkt, kalkuliere den Preis und erstelle danach die Werkpläne am PC. Anschließend bespreche ich den Auftrag mit den Mitarbeitern und verteile die einzelnen Aufgaben u. a. nach den speziellen Fähigkeiten meiner Mitarbeiter. Herr Malser lackiert sehr ordentlich, Herr Köhler montiert gerne beim Kunden. Herr Achner arbeitet gerade an einem Wohnzimmerschrank. Beobachtet ihn an der modernen Tischkreissäge."

Werkstattfertigung

Kanten anleimen
Kunststoff- oder Massivkanten werden im Durchlaufverfahren angeleimt.

Zuschneiden
Werkstücke werden auf 0,1 mm genau zugeschnitten. Danach folgen das Schleifen, Fräsen, Bohren und weitere Bearbeitungsschritte.

Lackieren
Holzoberflächen werden veredelt. Das heißt, die Struktur des Holzes wird hervorgehoben, vor Schmutz und Feuchtigkeit geschützt, oder einfach nur modern gestaltet.

Merke Einzelteile und Kleinserien werden in Werkstätten hergestellt. Die Fertigungsart ist von Handarbeit und vom Umgang mit Bearbeitungsmaschinen geprägt.

1. Notiere in der richtigen Reihenfolge alle Arbeitsschritte und Tätigkeiten vom Kundengespräch bis zur Endmontage eines Möbelstücks.
2. Wäge Vor- und Nachteile von teueren Holzbearbeitungsmaschinen ab.
3. Herr Vetter beschreibt den „Projektverlauf" für die Herstellung eines Wohnzimmerschrankes. Nenne die Teile eines Projekts, die du in seiner Aussage erkennst. (siehe dazu S. 42)

Planvolles Produzieren

Herr Vetter will die Werkstücke zügig bearbeiten. Deshalb hat er sich beim Einrichten der Werkstatt über eine sinnvolle Anordnung der Holzbearbeitungsmaschinen Gedanken gemacht. Oft benötigt er diese in einer bestimmten Reihenfolge. Außerdem sollten die Transportwege so gering wie möglich gehalten werden.

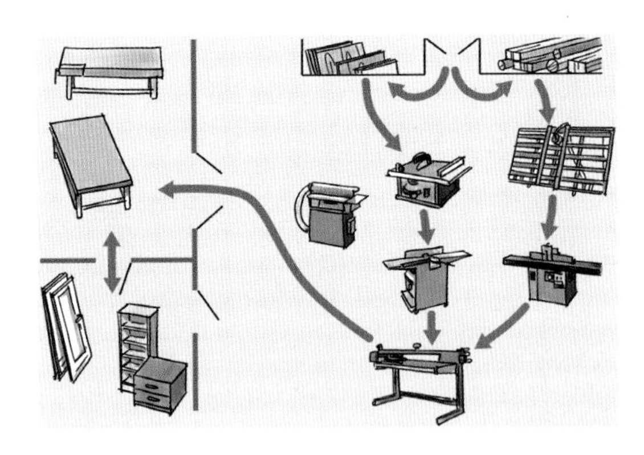

Fließfertigung

Diese Art der Arbeit ist sehr stark durchorganisiert. Dabei greifen Arbeitsprozesse oft sekundengenau ineinander. Die Arbeitskräfte führen an Maschinen (Automaten) festgelegte Tätigkeiten aus. Durch die Fertigungshalle bewegt sich nicht der Arbeiter, sondern das Werkstück. Das Arbeitstempo wird von der Maschine vorgegeben.

Handwerk
Werkstattfertigung, Einzelfertigung

Industrie
Reihenfertigung, Fließfertigung, automatisierte Fertigung, Inselfertigung

Merke

Ökonomisches Arbeiten
Bei der Produktion und bei Dienstleistungen werden die Arbeitsplätze rationell angelegt. Transport- oder Arbeitswege werden so geplant, dass Arbeitszeit gespart wird. Das senkt die Herstellungskosten. Die Arbeitsleistung (Produktivität) steigt.

1. Welche Tätigkeiten werden im Maschinenraum, welche im Bankraum durchgeführt?
2. Erkundige dich im Internet über die unterschiedlichen Fertigungsverfahren. Stelle sie in einer Tabelle hinsichtlich der Arbeitszeit, der Zahl an Arbeitskräften und der Produktqualität gegenüber.
3. Bildet zwei Gruppen in der Klasse, die in fünf Minuten Papierflieger mithilfe Einzelfertigung (Gruppe „Typ A“) und Fließfertigung (Gruppe „Typ B“) herstellen. Welche Vor- und Nachteile der beiden Verfahren hast du danach erkannt?
4. Welche Gestaltungs- und Entscheidungsspielräume haben die Beschäftigten bei den unterschiedlichen Fertigungsverfahren?

Arbeitsschutz und Arbeitssicherheit in der Schreinerei

Stefan stellt Herrn Vetter eine Frage zum Praktikum:

„Dürfte ich bei Ihnen in einem Praktikum auch an den Maschinen arbeiten?“

„Das geht leider nicht, weil du keinen Maschinenlehrgang absolviert hast.“

Für den Unternehmer und die Mitarbeiter steht die Sicherheit am Arbeitsplatz an erster Stelle. Kranke oder verletze Arbeitskräfte sind für den Betrieb auch eine finanzielle Belastung. Dies gewährleistet der Betrieb durch Sicherheitsvorkehrungen an den Maschinen und Unterweisungen der Mitarbeiter (z. B. „Tischler-Schreiner-Maschinenschein“).

„Tischler-Schreiner-Maschinenschein“

Von der Holz-Berufsgenossenschaft wird eine sicherheitstechnische Unterweisung für Holzbearbeitungsmaschinen angeboten. Die Sicherheit beim Arbeiten an den Maschinen und die Gesundheit der Arbeiter stehen bei diesem Lehrgang im Vordergrund. Dabei werden die Sicherheitsvorschriften beim fachlichen Gebrauch der Maschinen vermittelt.

Absauganlagen

Der Holzstaub, der beim Sägen und Hobeln entsteht, schädigt die Organe der Arbeiter. Deshalb sind Absauganlagen an den Maschinen gesetzlich vorgeschrieben. Der Holzstaub wird in großen Beuteln gesammelt.

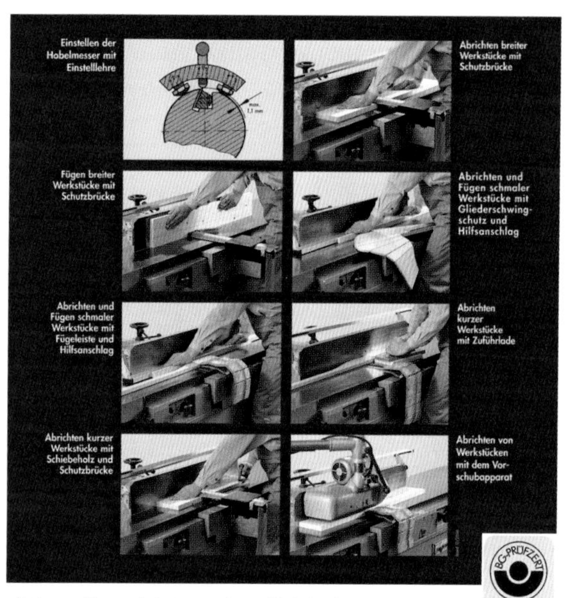

Informationsplakat an einer Abrichtehobelmaschine

Einhaltung der Sicherheitsvorschriften →	Arbeiter/-innen werden geschützt →	Hohe Produktivität
	Störungsfreies Arbeiten wird gesichert →	

1. Zähle mögliche Gefahrenquellen in deiner Schule auf. Welche Sicherheitsvorkehrungen sind deshalb einzuhalten?
2. Erkundigt euch, welche Aufsichtsbehörde die Einhaltung der Sicherheitsmaßnahmen überwacht. Das kleine Schild unter dem Plakat hilft dir dabei. Wo könnte dieses Schild angebracht sein?
3. Wie wirken sich die Sicherheitsmaßnahmen auf die tägliche Arbeit aus? Nimm dazu Stellung.

A Marketing (Vermarktung, Absatzpolitik)

Stefan befragt den Betriebsleiter zum Absatz seiner Werkstücke:

„Warum kommt Ihre Kundschaft gerade zu Ihnen und geht nicht zur Konkurrenz?“

„Ich muss mein Produkt optimal vermarkten. Das heißt, der Kunde muss zunächst zu mir finden. Erst dann kann ich ihn von meiner Ware überzeugen. Dazu muss ich für mein Unternehmen Marketing betreiben.“

Mithilfe der vier Marketingstrategien will Herr Vetter den Kunden von seinem Produkt überzeugen. Der Schreiner führt dazu weiter aus:

Produktpolitik	Preispolitik
Passendes Produkt anbieten „Unsere Ware oder Dienstleistung soll sich von anderen Anbietern positiv unterscheiden, d. h. besser sein. So kann etwa eine neuartige Entwicklung den Kunden vom Kauf überzeugen. Ein großes Plus des Schreiners ist auch der Kundenservice.“	**Preis richtig kalkulieren** „Ich muss den Preis für die Ware so berechnen, dass meine Kosten gedeckt sind und ich Gewinn mache. Dabei achte ich aber auch auf die Preise der Konkurrenz. Kann ich besondere Konditionen bieten? Ist ein „Paketpreis“ möglich?
Vertriebspolitik	**Kommunikationspolitik**
Produkt verteilen „Die Ware oder Dienstleistung kann auf verschiedenen Wegen zum Kunden gelangen. Zum Beispiel kann ich einen Schrank direkt für den Kunden herstellen, oder über einen Architekten, der für seine Kundschaft Angebote einholt. Das Werkstück wird dann abgeholt, geliefert oder beim Kunden endmontiert.“	**Verkauf fördern (Werbung)** „Ich setze regelmäßig eine Werbeanzeige in die Tageszeitung. Außerdem miete ich ein Schaufenster in der Stadt an und stelle dort Fotos und Informationen zu meinen Produkten aus, um neue Kunden zu erreichen. Zudem sponsere ich die Fußballmannschaft mit Trikotwerbung.“

Merke Diese Marketingstrategien will der Betriebsleiter möglichst gut umsetzen, damit er konkurrenzfähig bleibt. Man spricht dann vom Marketing-Mix

1. Denke mit deinem Nachbarn über die Herstellung und den Verkauf eines Sitzmöbels nach. Wie soll es aussehen (Kurzbeschreibung mit Skizze) und wie willst du dafür werben, damit sich der Kunde für dein Produkt entscheidet?
2. Was ist mit einem „Paketpreis“ gemeint? Finde dazu Beispiele aus Werbebeilagen.

Beispiel einer Marketingidee

Herr Vetter handelt bei der Produktion einer neuen Badezimmerkollektion nach den Marketingstrategien, die du kennengelernt hast. Seine Idee beschreibt er so:

Produktpolitik	„Wir stellen Badezimmerbauteile aus hochmodernen Werkstoffen
Vertriebspolitik	für einen sehr erfolgreichen Architekten her.
Preispolitik	Im Preis setzen wir uns dabei von der Konkurrenz ab.
Kommunikationspolitik	Aufgrund unserer hochwertigen Produkte bietet uns der Architekt regelmäßig Aufträge an.“

Der Wettbewerb auf dem Markt ist sehr hart, da es viele Anbieter gibt. Deshalb versucht der Betriebsleiter, durch neue oder weiterentwickelte Produkte den Kunden von seinem Produkt zu überzeugen. Man sagt dazu auch: Er will sich mit seinem Produkt gezielt von anderen Anbietern abgrenzen.

Werbestrategien

Werbeart	Was ist das Ziel?	Beispiele
• Sponsoring für Vereine und Mannschaften	• Verkauf fördern • Produkt bekannter machen	• Trikotwerbung (Sport) • Werbetafeln • ???
• Verkaufs-gespräche	• Kunden von dem Produkt überzeugen	• Autokauf • ???
• Fernseh-werbung	• Kunden „anlocken“ • Zum Kauf „verleiten“	• ??? • ???
• ???	• Kunden an das Unter-nehmen binden	• ??? • ???

1. Übertrage die Tabelle in dein Heft und ergänze Beispiele.
2. Finde noch weitere Werbearten und Beispiele dazu.
3. Welches Werbeziel verfolgt Herr Vetter mit seiner umlackierten Motorhaube?
4. Wie kann sich der einzelne Schreiner von einem großen Einrichtungshaus abgrenzen? Nenne Vorteile, die der Kunde bei seinen Produkten hat.

Ein Betrieb funktioniert nur, wenn er genügend Gewinn abwirft. Kann es sich der Unternehmer leisten, auch an die Umwelt zu denken?

Ökologisches Handeln im Betrieb

Schreiner Vetter beim Triathlon

„Natürlich denke ich auch als Familienvater und naturverbundener Mensch an den nachhaltigen Schutz unserer Umwelt. Immer mehr umweltbewusste Menschen greifen zu meinen Produkten, weil ich umweltbewusst arbeite."

Plattenzuschnittoptimierung:
Um eine große Holzplatte mit möglichst wenig Verschnitt zu verarbeiten, hilft ein Computerprogramm. So spart der Schreiner am Rohstoff Holz.

Statt seltenen Hölzern aus Regenwäldern werden dem Kunden Hölzer aus der Region angeboten.

Der Abfallzerkleinerer zerhackt Holzverschnitte und -späne und leitet sie in das Holzspänesilo. Damit wird die Heizung für den Betrieb gespeist.

Gesundheitsschädliche und umweltbelastende Stoffe wie Lacke, Wachse, Leime usw. werden fachgerecht verarbeitet, gelagert und entsorgt.

1. Was meint Herr Vetter mit dem nachhaltigen Schutz der Umwelt? Erkläre.
2. Erkläre, warum der Schreiner durch seine vier Umweltmaßnahmen auch Geld sparen kann.
3. Nenne zwei Vorteile des Rohstoffs Holz aus Sicht des Umweltschutzes.

BO Die Zukunft im Schreinerhandwerk

Die Ausbildung zum Schreiner/zur Schreinerin beendest du mit der erfolgreichen Gesellenprüfung. Im Theorieteil wird dein Fachwissen getestet, mit dem Gesellenstück werden deine praktischen Fähigkeiten und Fertigkeiten überprüft. In den darauffolgenden Jahren hast du berufliche Aufstiegschancen. In der folgenden Darstellung siehst du die weiteren Perspektiven.

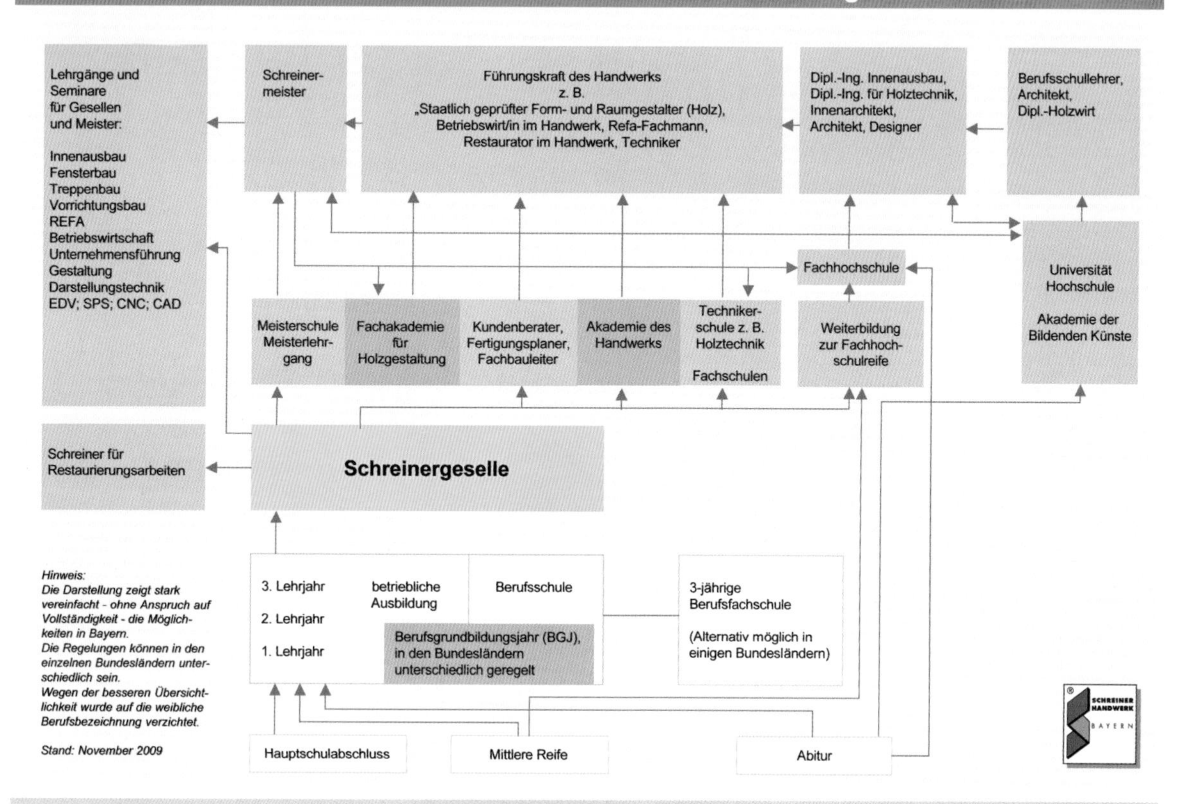

Weitere Informationen findest du im Internet auf den Webseiten der Bundesagentur für Arbeit und auf anderen berufsorientierenden Internetseiten zum Ausbildungsberuf „Schreiner/-in".

1. „Kein Abschluss ohne Anschluss." Erkläre diese Aussage zur Haupt-/Mittelschule anhand des Schaubilds.
2. Beschreibe drei Wege an Aufstiegsmöglichkeiten, die dir als Haupt-/Mittelschüler/-in nach einer erfolgreichen Ausbildung offen stehen.
3. Erstelle das Berufsbild des Schreiners/der Schreinerin, wie du es zum Beruf des Gärnters/der Gärtnerin auf Seite 23 findest.
4. Welche Bedeutung haben Innung und Handwerkskammer für den Betrieb, die Betriebsleitung und die Beschäftigten?
5. Welche zusätzlichen Weiterbildungsmöglichkeiten hast du als Schüler/-in des M-Zweiges?

Wir erkunden das Pflegeheim Kursana

Die Pflegedienstleiterin Frau Müller-Renner erklärt Sandra, was sie unter Pflegeberufen versteht:

„Pflege heißt für mich, mit Menschen in Beziehung zu treten, die schon einen weiten Lebensweg hinter sich gebracht haben. Wir setzen alles daran, den Bewohnern das Leben so angenehm wie möglich zu gestalten. Die Zuwendung mit einem hohen Maß an Fachverstand ist uns sehr wichtig. Wir berücksichtigen auch den individuellen Tagesrhythmus der Menschen, denn kein Bewohner ist wie der andere. Das wird bei unserer pflegerischen Versorgung stets beachtet."

Betriebsspiegel

Einrichtungsgelände	Das Haus wurde im Jahr 2005 mit Therapie- und Erlebnisgarten gebaut. Es ist parkähnlich mit einem Teich angelegt.
Beschäftigte	65 Mitarbeiter/-innen: Altenpfleger/-innen, Ergotherapeuten/-innen, Assistenten/-innen – Gesundheit- und Sozialwesen, Koch/Köchin, Bürokauffrau/-mann, Hauswirtschafter/-innen, 5 Auszubildende
Leistungsangebot	• Kapazität – 130 vollstationäre Plätze (66 Einzel- und 32 Doppelzimmer) – Kurzzeitpflege; davon 18 Plätze im beschützenden Wohnbereich – Palliativ-Care • Gesundheitsversorgung – Ergotherapie, Logopädie – Zusammenarbeit mit Apotheken, Sanitätshäusern, Augenoptikern und Hörgeräteakustikern – Medizinische Fußpflege • Friseursalon, Wäscheservice, hauseigene Großküche

1. Suche in „BERUF AKTUELL" nach weiteren Berufen aus dem Pflegebereich. Wo liegen Gemeinsamkeiten und Unterschiede der einzelnen Ausbildungsberufe?
2. Was versteht man unter Palliativ-Care, Ergotherapie und Logopädie? Schlage im Lexikon nach oder informiere dich dazu im Internet.

D Interview mit der Pflegedienstleiterin

Stefanie und Denise befragen Frau Müller-Renner:

„Guten Tag, wir sind Stefanie und Denise und interessieren uns sehr für den Ausbildungsberuf Altenpflegerin. Die folgenden Fragen sind uns für unsere Berufswahl wichtig. Wir sind deshalb auf Ihre Antworten sehr gespannt."

„Wie sicher sehen Sie Ihren Beruf, wenn Sie an Arbeitslosigkeit denken?"	„Bei den Dienstleistungen nimmt das Gesundheits- und Sozialwesen mehr als ein Drittel an Beschäftigten ein. Das heißt, die Bereiche Betreuen und Pflegen brauchen immer mehr Fachkräfte. Diese Tatsache macht für aufgeschlossene und engagierte Mitarbeiter den Job sicher."
„Welche Rolle spielt die psychische Betreuung älterer Menschen?"	„Der persönliche Umgang mit den Senioren ist äußert wichtig für ihr Wohlbefinden. Einfühlungsvermögen, Zuhören können und das Verständnis für ältere Generationen gehören zu den Fähigkeiten, die eine Altenpflegerin bzw. ein Altenpfleger haben sollte."
„Warum arbeiten viel mehr Frauen als Männer im Pflegeheim?"	„Männer arbeiten im Pflegesektor häufiger im Krankenhaus. Aber mehr Männer bei uns wären schon gut, da sie oft mehr Durchsetzungsvermögen und körperliche Kraft haben. Aber unsere Frauen schaffen das auch!"
„Wie empfinden sie die körperliche Belastung?"	„Das Personal muss gehbehinderten Menschen helfen, indem sie sie umlagern und bei der Fortbewegung unterstützen. Deshalb wurden auch technische Hilfsmittel – z. B. die Aufstehhilfe – entwickelt, damit die Altenpflegerin bzw. der Altenpfleger geschont wird."
„Wie fühlen Sie sich nach Dienstschluss?"	„Meistens erschöpft. Aber die Dankbarkeit der Bewohner und das Lob der Angehörigen tut gut und spornt uns an, weiter gut für unsere Bewohner zu sorgen."

1. Welche Antworten können für eure Berufswahl hilfreich sein? Diskutiert darüber.
2. Weshalb besteht ein großer Unterschied bei der Zahl der Beschäftigung zwischen Männern und Frauen?

Projekt „Old and fresh!“

Frau Ehgartner aus dem Zweig Soziales arbeitet mit dem nahegelegenen Pflegeheim zusammen. Interessierte Schülerinnen und Schüler der siebten bis neunten Klasse lernen dort am Nachmittag den richtigen Umgang mit den Bewohnern kennen. Sie erfahren etwas über die Aufgaben, die zum Beruf des Altenpflegers/der Altenpflegerin gehören. Für die Arbeitsgemeinschaft haben die Kinder die Bezeichnung „Old and fresh!“ gewählt.

„Rollstuhlführerschein“

Für junge Menschen ist es nur schwer vorstellbar, vom Rollstuhl abhängig zu sein. Mit einer Betreuerin machen sie eine Stunde Erfahrungen als Rollstuhlfahrer, mit all den Hindernissen des Alltags, aber auch mit den Möglichkeiten dieses Hilfsmittels. Die Jugendlichen lernen das notwendige Einfühlungsvermögen für einen gehbehinderten Menschen kennen. Sie erhalten nach erfolgreicher Teilnahme einen „Rollstuhlführerschein“.

Nahrungsaufnahme und Hygiene

Menschen mit Motorikproblemen, d. h. mit Schwierigkeiten bei den richtigen Bewegungsabläufen aufgrund von Alter oder Krankheit, müssen gefüttert und gewaschen werden. Dies ist für die Schülerinnen und Schüler eine sehr ungewöhnliche Aufgabe. Hier ist der einfühlsame Umgang mit dem Hilfsbedürftigen gefragt. Das kann man mit dem Partner ausprobieren!

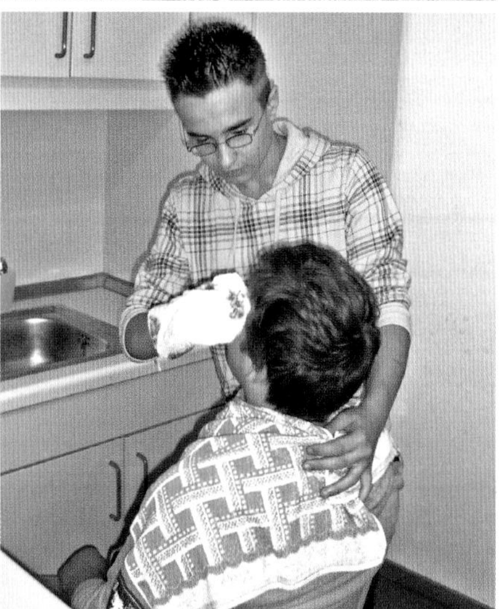

Freizeitgestaltung

Jung und Alt bereitet das gemeinsame Spielen und Basteln sichtlich Freude. Die Schülerinnen und Schüler bemerken bei Gedächtnisspielen oder beim Korbflechten den Witz und die Geselligkeit der älteren Generation. Schon bald verschwinden die Hemmungen zwischen den Generationen und es wird gelacht und miteinander in der Werkstatt gearbeitet.

1. Sucht in eurer Umgebung eine Einrichtung, die interessierten Schülerinnen und Schülern einige Stunden am Nachmittag Einblicke in die Arbeitsbereiche gewährt. Dafür bietet sich der soziale Bereich besonders an.
   Bereitet im Deutschunterricht eine schriftliche Anfrage dafür vor.

Organisation im Pflegeheim Kursana

Wie eine Schule oder ein großer Betrieb, so ist auch eine Pflegeeinrichtung klar strukturiert.

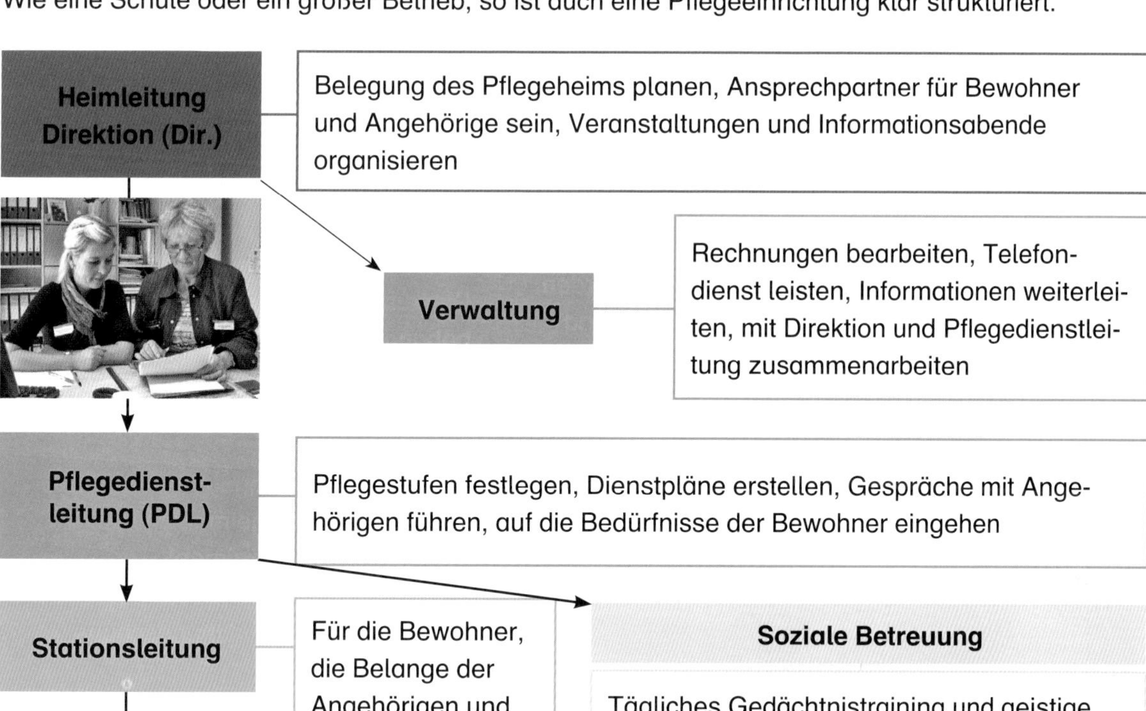

Heimleitung Direktion (Dir.)

Belegung des Pflegeheims planen, Ansprechpartner für Bewohner und Angehörige sein, Veranstaltungen und Informationsabende organisieren

Verwaltung

Rechnungen bearbeiten, Telefondienst leisten, Informationen weiterleiten, mit Direktion und Pflegedienstleitung zusammenarbeiten

Pflegedienstleitung (PDL)

Pflegestufen festlegen, Dienstpläne erstellen, Gespräche mit Angehörigen führen, auf die Bedürfnisse der Bewohner eingehen

Stationsleitung

Für die Bewohner, die Belange der Angehörigen und die Dienstpläne verantwortlich

Schichtleitung

Pflegefachkraft übernimmt die Leitung des Teams und trägt die Verantwortung für die richtige Medikamentengabe.

Fachkräfte und Altenpflegehelfer/-innen

Die Bewohner umfassend pflegen

Soziale Betreuung

Tägliches Gedächtnistraining und geistige Aktivierung, Unterhaltung, Bewegung in der Natur, Biographiearbeit, d. h., mehr über den einzelnen Menschen und seine Erlebnissen erfahren

Tag	VORMITTAG		NACHMITTAG	
MO	Gedächtnistraining mit Babett 9:30 - 11:00 Uhr 1.Stock Treffpunkt	Erinnerungspflege mit Monika 10:00 - 11:30 Uhr 2.Stock Wohnbereich	Spaziergang 13:00 Uhr Gedächtniskreis mit Babett 15:00 - 16:00 Uhr 1.Stock Wohnbereich	Kegeln mit Brigitte 15:00 - 16:30 Uhr 2.Stock Gymnastikraum
DI	Kreativkreis mit Babett 9:30- 11:00 Uhr im Wohnbereich 14tägig	Singkreis mit Brigitte 9:30 - 11:00 Uhr 1.Stock Treffpunkt	Spaziergang 13:00 Uhr	Kreativwerkstatt mit Babett 14:30 - 16:00 Uhr 1.Stock Hobbythek
MI	Tischspiele mit Brigitte 9:30 - 11:00 Uhr 1.Stock Hobbythek Kochen mit Monika 9:30 Uhr 2.Stock Backstube	Gedächtniskreis mit Babett 10:00 - 11:00 Uhr 2.Stock Begegnungsraum	Einkauf 13:00 Uhr	Spiele mit Babett 15:00 - 16:00 Uhr 2.Stock Gymnastikraum/ Gottesdienst 16:00 Uhr 14tägig
DO	Gymnastik mit Babett 9:30 -11:00 Uhr 2.Stock Gymnastikraum	Gebet/ Rosenkranz mit Monika 10:00 - 11:00 Uhr EG Kapelle	Spaziergang 13:00 Uhr Sitztanz mit Babett 15:00 - 16:00 Uhr 2.Stock Gymnastikraum	Männerstammtisch mit Brigitte 15:00 - 16:30 Uhr 2.Stock Backstube
FR	Backen mit Babett 9:30 -11:00 Uhr 2.Stock Backstube	Bewegungsspiele mit Brigitte 10:00 -11:00 Uhr 2.Stock Gymnastikraum	Spaziergang 13:00 Uhr Erinnerungspflege mit Monika 14:30 - 16:00 Uhr 1.Stock Wohnbereich	Erzählkaffee mit Babett 14:30 -16:00 Uhr 2.Stock Backstube

1. „Der Schichtdienst stellt eine berufliche Belastung dar.“ Nimm dazu Stellung.
2. „Im Altenheim läuft jeder Tag gleich ab.“ Nimm zu dieser Aussage Stellung.
3. Nenne berufliche Aufstiegsmöglichkeiten, die du in dem Strukturaufbau erkennen kannst.

Die Hygienevorschriften im Pflegeheim

Beim Umgang mit älteren und kranken Menschen kann sich das Pflegepersonal bei fehlenden Schutzmaßnahmen mit verschiedenen Bakterien und Viren anstecken. Die Krankheiten würden sich dann nicht nur in der Pflegeeinrichtung, sondern auch außerhalb des Arbeitsplatzes verbreiten. Deshalb muss das Pflegepersonal beim Umgang mit pflegebedürftigen Menschen die Hygienevorschriften beachten. Dadurch kann die Gefahr, sich anzustecken verringert werden. Ein Beauftragter/eine Beauftragte für Hygiene- und Arbeitsschutz überprüft in regelmäßigen Abständen den Hygienestand in der Pflegeeinrichtung.

MRSA-Bakterien

Dieser Erreger ist überall in der Natur zu finden, so auch auf der Haut und in den Atemwegen. Er löst meist keine Anzeichen einer Krankheit aus. Hat ein Mensch aber ein schwaches körperliches Abwehrsystem (Immunsystem), so wird er anfällig für die Hautinfektionen und Muskelerkrankungen, bis hin zu lebensbedrohlichen Erkrankungen. Diese sind außerdem sehr schwer zu behandeln. Desinfektionsmittel töten in der Regel MRSA zuverlässig ab.

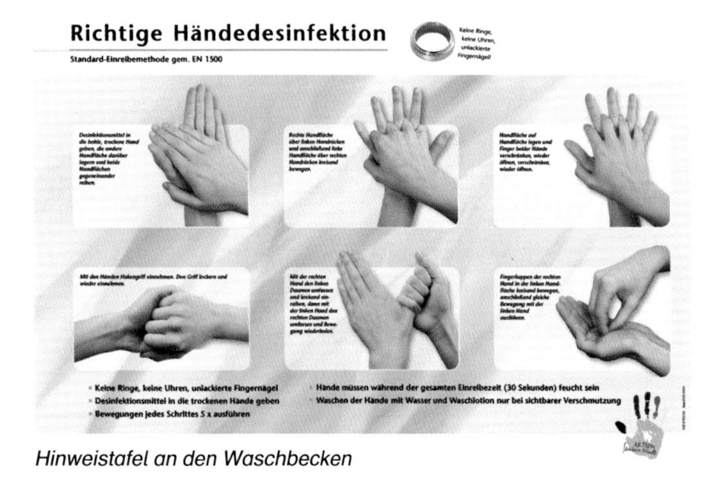

Hinweistafel an den Waschbecken

Verhaltensregeln

- Hände regelmäßig waschen und desinfizieren!
- Vor Kontakt mit Körperflüssigkeiten Schutzhandschuhe tragen!
- Festes Schuhwerk tragen (wegen Sturzgefahr)!
- Küchenbereich für das Pflegepersonal sperren!
- Schmutzwäsche frühzeitig entfernen und reinigen!

Merke

Wenn die Mitarbeiter die Hygienevorschriften und Verhaltenregeln beachten, beeinflusst dies positiv:
- die Gesundheit der Senioren und der Kollegen
- die eigene Gesundheit und die der Familie
- das Arbeitsklima
- die Außenwirkung der Einrichtung

1. Welche Personen kommen aus gesundheitlichen Gründen für eine Ausbildung als Altenpfleger/-in nicht in Frage?
2. Beschreibe die körperlichen Belastungen im Pflegedienst.
3. In der Schule lebt eine große Anzahl von Menschen auf engem Raum zusammen. Sprecht über die richtigen Hygienemaßnahmen in der Schule.

Berufsbezeichnung
Altenpfleger/-in

Voraussetzungen, Kompetenzen
- Geistige, körperliche und seelische Gesundheit
- Selbstständigkeit
- Verantwortungsbewusstsein
- Hygienebewusstsein
- Teamfähigkeit
- Gästeorientierung
- Beobachtungsgabe
- Interesse und Freude am Kontakt mit Menschen
- Belastbarkeit
- Sorgfalt
- Kreativität

Arbeitsbedingungen
- Arbeit im Gehen und im Stehen
- Umgang mit behinderten oder problembelasteten Menschen
- Umgang mit Körpergeruch und Ausscheidungen
- Termin- und Zeitdruck
- unregelmäßige Arbeitszeit
- schweres Heben und Tragen
- Infektionsgefahr

Arbeitsorte
- Wechselnde Arbeitsorte (v. a. in der ambulanten Altenpflege)
- Krankenhaus
- Altenheim, Pflegeheim
- Privathaushalt
- Altenbegegnungsstätte

Weitere Informationen findest du im Internet auf den Webseiten der Bundesagentur für Arbeit und auf anderen berufsorientierenden Internetseiten zum Ausbildungsberuf „Altenpfleger/-in“.

Aufgaben
- betreuungsbedürftige alte Menschen eigenverantwortlich betreuen und pflegen
- nach ärztlicher Verordnung Maßnahmen durchführen
- Kooperieren, Beobachten und Dokumentieren
- bei Notfällen helfen können
- alte Menschen betreuen und beraten
- Pflegeberatung durchführen
- Angehörige beraten und anleiten
- Sterbende würdevoll begleiten

Ausbildungsdauer
3 Jahre schulische Ausbildung an der Berufsfachschule

Abschluss
Staatliche Abschlussprüfung vor einem Prüfungsausschuss
- schriftlich
- mündlich
- praktisch

Berufliche Weiterbildung
Fachaltenpfleger/-in, Stationsleiter/-in, Pflegedienstleiter/-in, Fachwirt/-in Alten- und Krankenpflege

BO Wir befragen Auszubildende

Bei den Betriebserkundungen ergeben sich wichtige Gespräche mit den Auszubildenden.

Daniela, 8b

1. „Wie wichtig waren Praktika für Ihre Berufswahlentscheidung?"
2. „Welche Handlungskompetenzen (Schlüsselqualifikationen) sind in Ihrer Ausbildung wichtig?"
3. „Welchen Jugendlichen können Sie Ihren Beruf empfehlen?"
4. „Wo sehen Sie sich beruflich in fünf Jahren?"

Benedikt, Azubi

	Mareike, Gärtnerin	Benedikt, Schreiner	Eren, Altenpfleger
1.	„Aus Zufall bekam ich die Möglichkeit, in einer Gärtnerei ein Praktikum zu machen. Gut, dass ich damals nicht nein gesagt habe."	„Ich wusste schon in der 8. Klasse, dass ich im Handwerk arbeiten will. Den passenden Beruf habe ich im Praktikum gefunden."	„Ich habe alle meine Praktika im sozialen Bereich gemacht, z. B. auch im Kindergarten. Aber dort war es mir zu laut."
2.	„Ich denke, ich brauche in meinem Beruf Kreativität, Einfühlungsvermögen für den Kunden und ein hohes Maß an Selbstständigkeit."	„Wegen der Technisierung in diesem Beruf kommt es u. a. auf Lernbereitschaft und Denken in Zusammenhängen an."	„Dazu zählen Ausdauer, Pünktlichkeit, Sorgfalt und Gewissenhaftigkeit, um nur einige zu nennen."
3.	„Wer gerne in ruhiger Umgebung arbeitet und die Arbeit im Freien mag, ist hier gut aufgehoben. Natürlich darf man nicht verschlossen sein, weil man die Kundschaft beraten muss."	„Trotz der vielen Maschinen sollte man schon auch eine Vorliebe für den Werkstoff Holz haben. Technisch wird viel verlangt und von alleine läuft gar nichts. Teamwork ist angesagt."	„Wenn man Interesse an medizinischen Zusammenhängen hat und Einfühlungsvermögen im Umgang mit Hilfsbedürftigen besitzt, kann man auf alle Fälle ein Praktikum wagen."
4.	„Mir gefällt es hier recht gut. Mir wurde schon eine Übernahme nach der Ausbildung angeboten. Ich habe vor, mich weiterzubilden. Meister oder Techniker steht mir bei einem guten Ausbildungsabschluss offen."	„Ich bin leistungsmäßig in der Ausbildung gut dabei. Falls ich den Quabi schaffe, will ich über die BOS an die FH Rosenheim und Holztechnik studieren."	„Ich will auf jeden Fall im Gesundheits- und Sozialwesen bleiben. Im Jahr 2020 gibt es ca. 40 % mehr Pflegebedürtige als heute. Das heißt, es wird Neues in diesem Bereich geben, für das ich aufgeschlossen bin."

1. Erstellt einen Fragenkatalog für ein Gespräch mit einem Azubi. Informationen zum Interview findest du auf den Seiten 13 und 14.
2. Vergleiche die drei unterschiedlichen Wege der Azubis von der Berufsorientierung bis zum Ausbildungsbeginn miteinander.

Überprüfe dein Wissen!

Vorbereitung der Erkundung

1. Nenne die drei Wirtschaftssektoren und zähle Berufe dazu auf.
2. Nenne Erkundungsmerkmale, die wir mit unseren Sinnesorganen während der Erkundung aufnehmen können.
3. Eine erfolgreiche Erkundung zeichnet sich durch eine Dreiteilung des Projekts aus. Beschreibe diese Aufteilung.
4. Neben Beschaffung, Produktion und Absatz lassen sich noch weitere interessante Bereiche erkunden. Nenne diese und erkläre sie kurz.
5. Wie kann sich eine schlecht organisierte Betriebserkundung auf alle Seiten (Schüler/-in, Lehrer/-in, Betrieb, Schule) auswirken?
6. Was verstehst du unter aktivem Zuhören? Wie kannst du es einüben?
7. Warum sollte die Betriebserkundung nicht mit dem Verlassen des Betriebs abgeschlossen sein?
8. Die ganze Klasse geht zur Erkundung zusammen in einen Betrieb. Beschreibe Möglichkeiten, wie dies erfolgsversprechender verlaufen könnte.

Im Betrieb

1. Die Ausbildung in einigen Berufen macht man in sogenannten „Fachrichtungen“. Erkläre, was dies bedeutet.
2. Im Gegensatz zur Werkstattfertigung im Handwerk werden Produkte in der Industrie auf andere Arten produziert. Nenne diese. Beschreibe auch ihre Vor- und Nachteile.
3. Marketing ist für alle Betriebe wichtig.
   a) Zähle die Bestandteile der Vermarktung auf.
   b) Nenne die Folgen, wenn eine Firma ein falsches Marketing betreibt.
4. Wie sind Pflegeeinrichtungen organisatorisch gegliedert? Nenne die Fachbereiche und ihre Tätigkeiten.

Nimm zu den Aussagen Stellung

1. „Wir haben einen Gemüsegarten, bei dessen Pflege ich helfe. Deshalb kann ich mir gut vorstellen, als Gärtnerin zu arbeiten. Mich mit Fremden zu unterhalten, liegt mir nicht so sehr. Aber das ist in der Gärtnerei ja nicht wichtig.“
2. „Der Schreinerberuf passt für mich nicht. Nur Holzteile in einer staubigen Werkstatt bearbeiten und zusammenschrauben reicht mir nicht.“
3. „Obwohl ich gerne beruflich älteren Menschen helfen will, ist der Beruf des Altenpflegers/der Altenpflegerin nicht das Richtige für mich. Ich will mehr machen, als Bedürftigen beim Essen zu helfen und mit ihnen Gesellschaftsspiele zu spielen. Ich will und kann mehr leisten.“

Auf einen Blick!

In diesem Kapitel hast du erfahren, wie du bei einer Betriebserkundung planvoll vorgehst.

Ablauf einer Betriebserkundung

Vorbereitung	Durchführung	Nachbereitung
• Organisatorisches planen • Inhaltliches planen • Firmen anschreiben	• Aufteilung in Gruppen im Betrieb • Verhaltensregeln beachten	• Inhaltliche und organisatorische Nachbetrachtung • Dankschreiben

Überblick über die Erkundungsaspekte

Hilfreiche Lernmethoden

Experteninterview	Geplante Befragung (vorbereitete Fragen) oder offenes Interview (spontane Fragen)
6-3-5-Methode	In einer Kleingruppe werden in kurzer Zeit sehr viele Fragen zu einem Thema erarbeitet.
Rollenspiel	Mit verteilten Rollen können Teile der Erkundung vor dem „Ernstfall" erprobt und eingeübt werden (z. B. Begrüßung, Interview).
Präsentation	Um die Ergebnisse – positiv wie negativ – festzuhalten, gibt es viele Möglichkeiten der Darstellung (z. B. Berufserkundungsbogen, Schautafeln, Mind Maps, Schülerzeitungsbericht, Ausstellungen)

2 Projekt: Weihnachtsengel

Lernmethode: Projektarbeit

Projekte in der Schule sind eine Abwechslung im Unterrichtsalltag. Im Bereich Arbeit – Wirtschaft – Technik und in den berufsorientierenden Zweigen sind Projekte wichtige Bausteine für die Berufsorientierung. Sie knüpfen an die Wirklichkeit an, fördern eigenverantwortliches Tun und gemeinsames Zusammenarbeiten im Team.

Projektphasen

Projektinitiative Projektanfang
- Projektideen sammeln, ordnen und präsentieren (Ideenbörse)

Zielsetzung und Planung
- Projekt formulieren (Leittext)
- Projektziele festlegen
- Planungsskizzen, Organisations-, Zeit und Arbeitspläne erstellen

Durchführung
- Produkte herstellen, anbieten und verkaufen (Produktionsphase)

Dokumentation Präsentation
- Präsentationsplan (Wer?, Plakate, Wandzeitung, Fotos, Zeitungsartikel usw.)

Überprüfung Abschluss
- Projektrückschau
- Reflexion des Ablaufs
- Einschätzung der eigenen Leistung (Bewertungsbögen, Verbesserungen usw.)

Projektmappe

Jede Schülerin/jeder Schüler führt sie zur Dokumentation aller Projektschritte und Zwischenergebnisse. Sie enthält Arbeitspläne, Produktionsplan, Produktionszeichnung, Arbeitsschritte, Zeitplanung, Beobachtungsblätter, Aufgabenstellungen, Arbeitsblätter, Umfragen, Expertengespräche, Präsentationen, Informationsblätter, Selbstbeobachtungsbogen usw.

Merke Dein Projekt erfordert eine gewissenhafte Planung von der Projektidee bis hin zur Überprüfung und zum Abschluss. Ein Projekt gelingt, wenn es gründlich vorbereitet ist und wenn sich jeder in der Gruppe voll einbringt.

Am Beispiel einer 8. Klasse könnt ihr nachvollziehen, wie die Schülerinnen und Schüler ihr Projekt „Holzengel für den Weihnachtsmarkt" durchgeführt haben.

Projektinitiative – Projektanfang

Ideenbörse

Am Anfang eines jeden Projekts steht die Ideenbörse. In einem Brainstorming werden viele Ideen und an einer Pinnwand gesammelt. Sie werden dann von den Schülerinnen und Schülern vorgestellt, in der Klasse diskutiert und auf ihre Realisierungsmöglichkeiten hin überprüft. Danach fällt in Absprache mit den Zuständigen für die berufsorientierenden Zweige die Entscheidung für ein Projekt z. B. wie hier der Verkauf von Produkten auf dem Weihnachtsmarkt.

Marktchancen durch Marktforschung

Produkte müssen den Bedürfnissen und Vorstellungen der Kunden entsprechen. Ein Unternehmen betreibt Marktforschung, um die Absatzchancen für das Produkt zu erfahren und zu erhöhen. Dazu wurde eine Umfrage gestartet. Eine Umfrage kann an der gesamten Schule, in bestimmten Klassen, mit allen Schülerinnen und Schülern oder einer zufälligen Auswahl von Personen durchgeführt werden. Sie dient dazu, herauszufinden, welches Produkt von den Käufern gewünscht bzw. favorisiert wird.

Umfrageergebnis:

Strohsterne	12
Holzengel	28
Snacks	17
Muffins	10

Günstig ist es, mehrere Produkte anzubieten, damit der Befragte gezwungen ist, sich für ein Produkt zu entscheiden. In diesem Fall waren es vier Gegenstände: Strohsterne, Holzengel, Snacks und Muffins.

Das Umfrageergebnis war eindeutig: Die Entscheidung fiel für „**Weihnachtsengel aus Holz**".

1. Sammelt Ideen für euer Projekt, ordnet und diskutiert die Möglichkeit der Realisierung an eurer Schule.
2. Macht eine Umfrage und stellt das Ergebnis als Kreis- bzw. Balkendiagramm dar.

Zielsetzung und Planung

Für das Projekt wird zunächst ein sogenannter Leittext erstellt, der die Projektaufgabe beschreibt. Er besteht aus einem **Szenario** (Geschehnis), gefolgt von den **Aufgaben** und den **Hinweisen für die Projektmappe**.

Wirtschaften für einen Markt an der Schule
Die Schule veranstaltet einen Weihnachtsmarkt. Die Klasse 8 soll für diesen Markt an der Schule Weihnachtsengel produzieren. Diese sollen kostengünstig und rationell produziert, werbewirksam präsentiert und gewinnbringend verkauft werden.

Das müsst ihr tun:

1. Zuerst erstellt die Gruppe einen Organisations- und Zeitplan, aus dem die Arbeitsverteilung für die Gruppenmitglieder hervorgeht.
2. Dann entwirft jeder anhand einer Skizze den Weihnachtsengel und stellt ihn zur Entscheidung der Gruppe bzw. der Klasse vor.
3. Danach beginnt die Gruppe mit den Produktionsvorbereitungen, legt die Fließfertigung als Produktionsverfahren fest und plant die Arbeitszerlegung in sinnvolle Arbeitsschritte.
4. Anschließend entwirft jeder Finanzierungsmöglichkeiten, berechnet den Materialbedarf und kalkuliert die Materialkosten.
5. Jedes Gruppenmitglied arbeitet bei der Fließfertigung an seinem Werktisch seine Arbeitsschritte ab.
6. Rechtzeitig entwirft die Gruppe die Werbemaßnahmen, plant die Produktpräsentation und legt den Verkaufspreis fest.
7. Am tt.mm.jj präsentiert die Gruppe ihre Weihnachtsengel und startet den Verkauf.

Jedes Gruppenmitglied erstellt eine Projektmappe mit folgendem Inhalt:

Deckblatt	(Ansprechend und passend zum Projektthema)
Arbeitsbericht	(Wichtige Planungsunterlagen, selbst zusammengestellte Informationen, Fotos bzw. Zeichnungen vom Produkt, Arbeitsplanung, Aufgabenverteilung, Zeitplanung, zusätzliche Aufgaben, z. B. Berufsbild)
Recherchenachweis und Quellenangaben	
Präsentation	(Unterlagen zum Ablauf der Präsentation, Notizblätter)
Reflexion der eigenen Arbeit und der Arbeit in der Gruppe	(Was ist gut gelaufen? Was können wir das nächste Mal besser machen?)

1. Formuliert in der Gruppe für euer Projekt ein Szenario und Aufgaben.
2. Vergleicht in der Klasse eure Vorschläge, formuliert daraus ein gemeinsames Szenario und Aufgaben.

Produktionsvorbereitungen und technische Voraussetzungen

Die Herstellung von Produkten erfordert neben dem benötigten Material bestimmte Werkzeuge und Maschinen. Deshalb muss man vor einer Produktionsplanung klären, ob die dazu benötigten Werkzeuge und Maschinen im Werkraum vorhanden sind und was sonst noch alles erforderlich ist. Gemeinsam mit der Technikgruppe und dem Fachlehrer haben wir dazu eine Mind Map angefertigt.

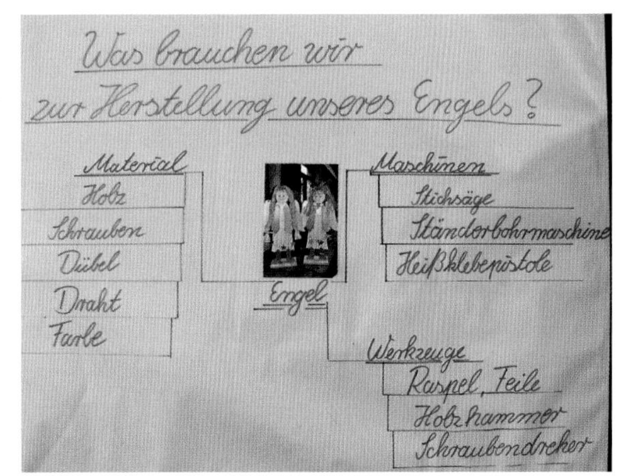

Produktionsverfahren und Verteilung der Arbeitsaufgaben

Unrationell wäre, wenn jeder das Produkt komplett alleine bauen würde. Deshalb entscheidet sich die Technikgruppe für die sogenannte Fließfertigung, die wir am Beispiel Engel erproben und erlernen wollen. Die Produktion wird dabei in acht Arbeitsschritte zerlegt. Für jeden Arbeitsplatz am „Fließband" werden die „Arbeitskräfte" (Schülerinnen und Schüler) so ausgesucht, dass jeder entsprechend seinen Fähigkeiten und seinem Können eingesetzt ist. Bevor die Produktion beginnt, müssen ein fester Zeitplan und ein Arbeitsplan aufgestellt werden, damit die Produktion reibungslos abläuft. Der Arbeitsplan legt neben der Arbeitsteilung auch zugleich die Arbeitsmittel bzw. die benötigten Werkzeuge fest.

Arbeitsschritte	Arbeitsmittel	Gruppe
Anzeichnen	Bleistift, Zirkel, Winkel, Schablone	Patrick, Bernd
Aussägen	Stichsäge	Oliver, Tobias
Grobschliff	Feilen	Michael
Feinschliff	Feilen, Schleifpapier	Christian, Peter
Löcher für die Dübel bohren	Bohrmaschine	Marco
Endmontage: Verleimen und Verschrauben	Leimpistole, Schrauben, Muttern, Schraubenzieher	Johannes
Qualitätskontrolle	Feines Schleifpapier	Claudia
Gestaltung	Farben, Pinsel, Bast, Draht	Patrick, Claudio

Merke Bei der Fließ- bzw. Fließbandfertigung sind Arbeitsplätze und Maschinen so angeordnet, dass das Werkstück bei seiner Bearbeitung von einem Arbeitsplatz zum nächsten „fließt". Ein weiteres Kennzeichen ist der zeitliche Takt, der die Fließgeschwindigkeit und die Bearbeitungszeit am einzelnen Arbeitsplatz bestimmt.

1. Projektarbeit ist Teamarbeit. Plant eure Teams. Wer lässt sich am besten an welcher Stelle einsetzen? Bildet dazu Planungsteams.
2. Haltet eure Planungen immer schriftlich in der Projektmappe fest.
3. Erstellt einen Zeitplan für das Gesamtprojekt und die einzelnen Teilschritte.

2 Projekt: Weihnachtsengel

Materialien und Materialkosten

Ein Verkaufsprojekt ist nur dann erfolgreich, wenn die Finanzierung auf „sicheren Füßen“ steht. Um kalkulieren zu können, muss eine Bedarfsberechnung durchgeführt werden. Das heißt: Die Anzahl der Engel bestimmt die Menge des benötigten Materials. Nach der Berechnung für den Materialbedarf könnt ihr durch Preisvergleiche in Baumärkten oder Schreinereien bei der Materialbeschaffung günstig einkaufen

Finanzierungsmöglichkeiten

Jede Firma möchte ihre Produkte gewinnbringend verkaufen. Kostengünstiges Einkaufen und Produzieren und verbraucherorientiertes Anbieten sind Grundsätze wirtschaftlichen Handelns. Dazu ist Geld bzw. Startkapital erforderlich. Dies benötigte auch die 8. Klasse. Vier Finanzierungsmodelle wurden diskutiert:

- Das Geld aus der Klassenkasse wird zur Vorfinanzierung genommen.
- Die Schule oder die Gemeinde finanziert vor.
- Der Elternbeirat gewährt ein zinsloses Darlehen.
- Firmen spenden einen Teil des Materials oder gewähren Zahlungsaufschub bis nach dem Verkauf.

Die Klasse besorgte sich Holzreste zu einem sehr günstigen Preis. Das restliche Material stellten die Schule und die Eltern zur Verfügung.

Schreiner Herteis berät die Schüler bei der Holzauswahl.

Materialliste: pro Engel

	Stück	Material	Maße
1.	1	Mehrschichtplatte	100 × 50 × 1,5 cm
2.	1	Sperrholzplatte	20 × 10 × 0,6 cm
3.	4	Holzdübel	4 cm Ø 0,5 cm
4.	2	Flachkopfschrauben	4 cm
5.	1 Rolle	Draht	Ø 0,2 cm
6.	2 Fl.	Acrylfarben	

Merke Genaue Bedarfsberechnung, Preisvergleiche und eine sichere Finanzierung beim Projekt bewahren vor einem finanziellen Verlust.

1. Erklärt den Begriff „Finanzierung“ mit eigenen Worten anhand mehrerer Beispiele.
2. Welche Vor- bzw. Nachteile haben die verschiedenen Finanzierungsmodelle?
3. Stellt Preisvergleiche in Baumärkten und Schreinereien an. Berechnet die Preisunterschiede in Prozent und stellt sie auch grafisch dar.

Durchführung

Die Fließfertigung beginnt

Viele Entscheidungen sind getroffen: Produktauswahl, Finanzierung, Produktionsart, Materialeinkauf usw. Als Produktionsstätte kommt nur der Werkraum der Schule in Frage, weil er für die Fließfertigung schnell umgestaltet werden kann und dort alle benötigten Werkzeuge und Betriebsmittel wie Maschinen, Schleifpapier, Leim usw. vorhanden sind. Die Werktische sollten so aufgebaut werden, dass das zu bearbeitende Material von einem Tisch zum anderen „fließen" kann: Das Produkt wandert gemäß Arbeitsablaufplan von Arbeitsteam zu Arbeitsteam. In der Fabrik geschieht das „Wandern" durch ein Fließband in genau abgestimmten zeitlichen Takten, der Durchlaufzeit.

Die Fließfertigung wird aufgebaut.

Energie, wichtiger Bestandteil der Produktion

Ohne Energie ist die Herstellung eines Produktes kaum möglich. Zur Herstellung des Weihnachtsengels benötigt man elektrische Maschinen wie Bohrmaschine, Stichsäge und Heißklebepistole. Elektrische Energie muss bezahlt werden. Die Stromkosten stellen bei den Betrieben einen nicht unerheblichen Kostenfaktor dar. Dieser fällt bei der Weihnachtsengelproduktion nicht an, weil die Kosten von der Gemeinde getragen werden. Ihr könnt sie aber „fiktiv" bei der Endabrechnung ansetzen.

Arbeitsorganisation für eine rationelle, kostengünstige Produktion

- Sinnvolle Arbeitszerlegung und Arbeitszusammenführung
- Kein unnötiger Materialverlust, d. h., Holzplatten so ausnutzen, dass möglichst wenig Verschnitt und Abfall anfällt
- Zeitökonomie, d. h., Arbeitstakte so abstimmen, dass keine zeitliche Verzögerung eintritt
- Energie sparen, d. h., Leerlauf von Maschinen vermeiden (ausschalten)
- Nur mit voll funktionsfähigen Werkzeugen und Maschinen arbeiten, d. h., keine stumpfen Sägeblätter, Stemmeisen usw. verwenden
- Unfallverhütungsvorschriften einhalten

1. Beschreibe anhand von Beispielen die Reihenfertigung und Fließfertigung.
2. Lasst euch von eurer Fachlehrkraft die Arbeitsschutzbestimmungen erklären, die beim Betrieb von Maschinen, z. B. Bandsäge, Bohrmaschine usw., gelten.
3. Erstellt eine Wandzeitung zum Thema Unfallverhütungsvorschriften im Werkraum. Informiert euch dazu bei Unfallversicherungen, im Internet, bei Betrieben usw.

Arbeitszerlegung und Arbeitszusammenführung

Anzeichnen der Engelsfigur auf Holz

Aussägen der Figur

Endbehandlung und Ausgestaltung der Figur

Qualitätskontrolle

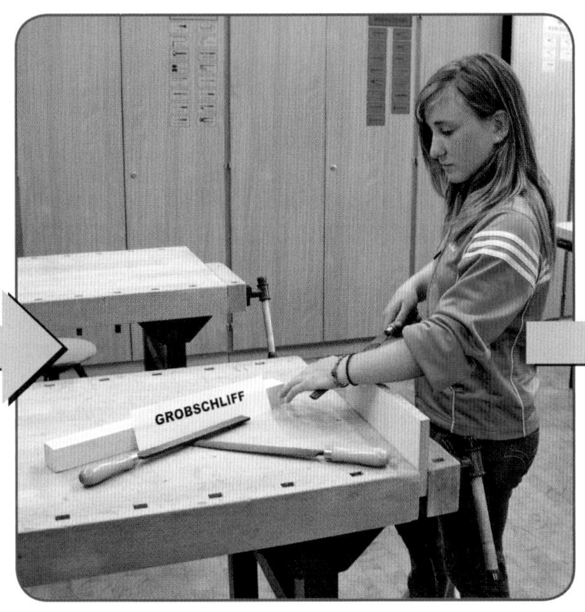

Grobschliff mit Raspel

Feinschliff mit Feile und Schleifpapier

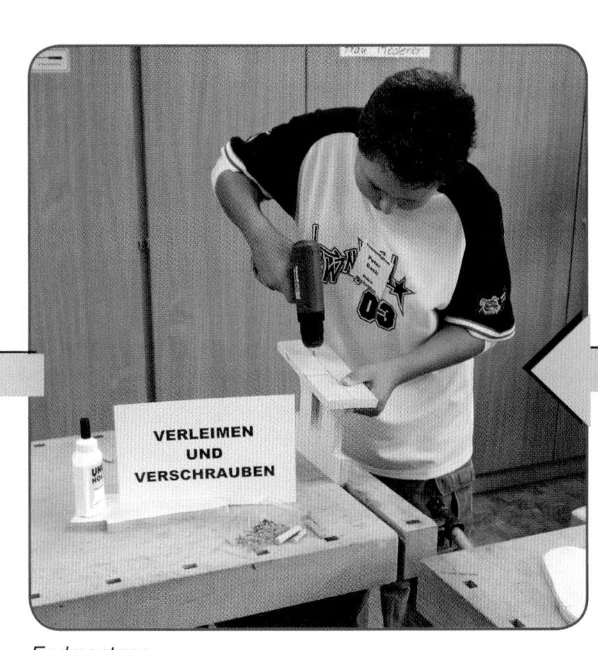

Endmontage

Bohrungen für Dübel und Schrauben

Marketing und Verkauf

Ohne Marketing gibt es keinen Verkaufserfolg. Marketing ist aber mehr als Werbung.

Marketing beinhaltet

- **Marktforschung**
  - Wer ist mein Kunde?
  - Was will der Kunde?
  - Wie viel Geld hat mein Kunde zur Verfügung?
  - Welche Konkurrenzprodukte sind auf dem Markt?
- **Produktgestaltung:** Wie soll es aussehen?
- **Produktpräsentation:** Wie biete ich es an?
- **Produktwerbung:** Wie informiere ich?
- **Produktpreis:** Wie viel ist der Kunde bereit, zu zahlen?
- **Produktverteilung:** Welchen Vertriebsweg bevorzugt der Kunde?

Schüler erstellen eine Ideensammlung zum Bereich Marketing.

Optimale Produktgestaltung

Ansprechendes Erscheinungsbild, auffallende aber keine aufdringlichen Farben, qualitativ hochwertiges Aussehen (gute Verarbeitung) und eine angemessene Verpackung sind Voraussetzung für eine optimale Produktgestaltung. Ein Hinweis für die Verpackung: Umweltfreundliches Material, wieder verwendbar, eventuell mit Informationen zum Produkt.

Werbung und Produktpräsentation

Werbeziele der 8. Klasse: Neugierde wecken, Information bieten und Anregung zum Kauf geben. Bei euren Projekten müsst ihr euch Gedanken über die Zielgruppe (Mitschüler, Eltern, Freunde usw.) machen und sie direkt ansprechen. Dies kann z. B. durch Infopost für Eltern und Kindergärten, Plakate, Ankündigung in der örtlichen Presse oder im Gemeindeblatt, Handzettel, auf der Homepage der Schule erfolgen. Ein schön dekorierter Verkaufsstand und Hinweisschilder auf den Verkaufsort in der Schule sind von Vorteil. Freundliche, fachkompetente Verkäuferinnen und Verkäufer, die das Produkt erklären und anbieten, solltet ihr vorher in Verkaufsgesprächen „schulen“.

Merke Unter Marketing versteht man alle den Verkauf fördernden Maßnahmen eines Betriebes, um seinen Absatz zu steigern. Dazu gehören unter anderem, Produktgestaltung, Produktpräsentation, Werbung und Preisgestaltung.

1. Entwickelt Werbemaßnahmen für euer Produkt. Stellt dies in einer Mind Map dar.
2. Diskutiert das Für und Wider von Produktverpackungen anhand von Beispielen.
3. Übt Verkaufsgespräche in einem Rollenspiel und bewertet sie.

Preiskalkulation und Preisgestaltung

Angebot und Nachfrage bestimmen den Preis. Aber auch der Preis beeinflusst die Nachfrage. Der Wettbewerb auf dem Markt hat großen Einfluss auf die Preisbildung. Je mehr Anbieter auf dem Markt sind, desto härter ist der Preiskampf. Jeder Produzent möchte den größtmöglichen Marktanteil für seine Produkte erreichen.

Als Produzenten und Anbieter wollte die 8. Klasse preislich mit ihren Produkten im Vergleich zu den in den Geschäften angebotenen Weihnachtsengeln „mithalten“. Sie durften nicht zu teuer oder zu billig sein. Ihre Produkte sollten ihr Geld wert sein, und das Preis-Leistungs-Verhältnis sollte stimmen.

Bei der Kalkulation eures Verkaufspreises errechnet ihr zuerst den Selbstkostenpreis. Dann schlagt ihr euren Gewinn auf und habt so euren Verkaufspreis. Nun solltet ihr allerdings euren Verkaufspreis nochmals mit den üblichen Marktpreisen vergleichen und dann den endgültigen Verkaufspreis überlegt festsetzen.

Kalkulation für 15 Engel:

Nr.	Menge	Bezeichnung	Preis
1.	Reste	Mehrschichtplatten	35,00
2.	Reste	Sperrholzplatten 4mm	4,00
3.	1 Pack.	Flachsenkkopfschrauben 40mm	5,20
4.	2 Flaschen	Dispersionsfarbe	4,50
5.	1 Dose	Goldspray	1,99
6.	1 Rolle	Wickeldraht	2,90
7.	5 Rollen	Naturbast	6,20
		Gesamtausgaben:	59,79

Produktpräsentation und Verkauf

Nachdem ihr euren endgültigen Verkaufspreis berechnet und die Werbung kräftig angekurbelt habt, kann der Verkauf starten.

Die geschulten Verkäufer üben noch einmal im Verkaufsstand. Dann kann nichts mehr schief gehen.

1. Erstellt eine Kalkulation für euer Produkt und legt den Verkaufspreis fest.
2. Erkläre mit eigenen Worten die Begriffe „Selbstkostenpreis“, „Verkaufspreis“, „Gewinnaufschlag“ und „Gewinn“.
3. Sucht nach anderen Möglichkeiten des Absatzes und Verkaufs.

Dokumentation – Präsentation

Mithilfe der während des Projekts erstellten Mind Maps, Wandzeitungen, Zwischenberichte, Erkundungsergebnisse, Umfragen usw. präsentierten die Schüler bzw. Gruppen anhand ihrer Projektmappen ihre Ergebnisse vor der Klasse und den Beteiligten aus den berufsorientierenden Zweigen.

Kostenermittlung

Neben Materialkosten würden Ausgaben für die verbrauchte Energie und für die geleisteten Arbeitsstunden hinzukommen. Beim Projekt „Weihnachtsengel" entstanden der Technikgruppe Kosten in Höhe von 8,50 € für das Material pro Engel. Die Ausgaben waren sehr gering. Holzreste von der Schreinerei, von den Eltern und günstiger Holzrestekauf, die Produktion in der Schule und keine Löhne senkten den Selbstkostenpreis und steigerten damit auch den Gewinn. Der tatsächliche Selbstkostenpreis wäre höher, wenn noch die Energie- und Arbeitskosten angefallen wären.

Zur Berechnung der Kosten ist eine gewissenhafte Buchführung (Rechnungen, Quittungen, Kassenbeleg usw.) der Ein- bzw. Ausgaben unerlässlich.

Umsatz, Gewinn und Verlust

Umsatz – Ausgaben = Gewinn/Verlust

Es wurden neun Engel zu je 15 € verkauft. Die Einnahmen (= Umsatz) betrugen 135 €. Von den Einnahmen werden die Ausgaben abgezogen. Die 8. Klasse hat ein gutes „Geschäftsergebnis" erzielt.
Mit der nebenstehenden einfachen Formel ermittelt ihr euren Gewinn oder Verlust. Ergibt sich eine positive Zahl, habt ihr ein gutes Geschäft (Gewinn) gemacht. Sind die Ausgaben jedoch höher als der Umsatz, spricht man von Verlust. Bedenkt, dass bei einer Herstellung in der Schule keine Löhne, Energiekosten oder Steuern anfallen. Der tatsächliche Marktpreis für das Produkt wäre wesentlich höher als die Herstellungskosten, weil diese Ausgaben noch zum Selbstkostenpreis addiert werden und für Marketing ebenfalls noch Kosten anfallen würden.

Einnahmen (neun Engel)	135,00 €
Ausgaben (neun Engel)	– 76,50 €
Gewinn	58,50 €

Merke Die Gegenüberstellung von Ausgaben und Einnahmen wird als Gewinn- und Verlustrechnung bezeichnet. Diese kann für ein Produkt, eine Dienstleistung oder für den ganzen Betrieb gelten.

1. Erstellt für euer Projekt eine detaillierte Gewinn- und Verlustrechnung.
2. Lasst euch von einer Buchhalterin/einem Buchhalter einer Firma ihre/seine Arbeit erklären. Erstellt ein Berufsbild einer Buchhalterin/eines Buchhalters.

Überprüfung – Abschluss

In diesem Projekt habt ihr als Unternehmer, Produzenten und Verkäufer fungiert. Ihr habt dabei wichtige marktwirtschaftliche Ziele verfolgt, in einer Fließbandfertigung kostengünstig produziert und als Verkäufer die Produkte nach Marketinggrundsätzen vermarktet. Arbeitszerlegung und Arbeitszusammenführung haben euch aufgezeigt, wie man Arbeit in Teilarbeiten zerlegt und wie am Ende des Produktionsprozesses das fertige Produkt entsteht.

Reflexion der eigenen Arbeit und der Arbeit in der Gruppe

Beantwortet folgende Fragen selbstkritsch:

- Wie schätze ich meine Arbeit ein?
- Wie habe ich meine Projektmappe gestaltet?
- War unser Arbeitsverhalten teamorientiert?
- Welche Stärken und Schwächen haben wir an uns erkannt?
- Haben wir unsere Ziele erreicht?
- Was können wir verbessern?

Für unsere 8. Klasse konnten wir folgende Erkenntnisse formulieren:

- Wir haben die Projektziele aus dem Leittext erreicht.
- Wir haben fächerübergreifend zusammengearbeitet und das Projekt gemeinsam verwirklicht.
- Unser gemeinsames Arbeiten gab uns ein tieferes Zusammengehörigkeitsgefühl.
- Jeder einzelne konnte sich auf den verschiedenen Gebieten verwirklichen, seine Stärken beweisen, seine Schwächen kennenlernen und dadurch wichtige Erkenntnisse für seine Berufsorientierung gewinnen.
- Wir erlebten bei der Teamarbeit, dass man mit gemeinsam getragenen Lösungen das Ziel schneller erreicht.

1. Beantwortet die oben stehenden Fragen. Ergänzt sie mit weiteren und erstellt dazu eine Übersicht, z. B. Gut gelaufen – Verbesserungswürdig. Wertet euren Selbstbeobachtungsbogen aus.

Beruf Tischler/-in bzw. Schreiner/-in

Die Berufsbezeichnung Schreiner/-in oder Tischler/-in ist je nach Region unterschiedlich. Die offizielle Berufsbezeichnung ist nach dem Bundesgesetzblatt 2006 zur Berufsausbildung „Tischler bzw. Tischlerin". In Bayern ist oft noch die Bezeichnung Schreiner/-in üblich. Tischler/-in bzw. Schreiner/-in ist ein staatlich anerkannter Ausbildungsberuf, der Jungen und Mädchen offensteht.

Voraussetzungen und Kompetenzen
- Hauptschulabschluss oder höherwertig
- Körperliche Eignung (z. B. keine Holz- oder Kunststoffallergie)
- Gut in Mathematik, im Technischen Zeichnen bzw. in CAD, gute EDV-Kenntnisse
- Technisches Verständnis für die Arbeit mit Maschinen
- Gewissenhaftes Arbeiten
- Räumliches Vorstellungsvermögen
- Hand- und Fingergeschicklichkeit
- Kommunikations- und Teamfähigkeit
- Selbstständiges Arbeiten

Arbeitsbedingungen
- Arbeiten im Stehen
- Arbeit bei Staub, mit Lösungsmitteln und Farben
- Saisonale Arbeitsbedingungen (Sommerhitze oder Kälte auf der Baustelle)
- Zeitdruck bei Messebau

Arbeitsorte
- Tischlerei/Schreinerei
- Werkstätten und Betriebe des Schreiner- bzw. Tischlerhandwerks
- Bau- und Montage
- Möbelhäuser
- Restaurierungsbetrieb
- Messebau
- Türen- und Fensterproduktion

Aufgaben
- Entwerfen und Zeichnen von Erzeugnissen nach gestalterischen Vorgaben
- Herstellen von Erzeugnissen aus Holz, Holzwerkstoffen von Hand und mit Maschinen
- Verarbeiten von Furnieren, Metallen, Kunststoffen, Glas und Hilfsstoffen
- Bedienen und Warten von Maschinen
- Veredeln von Oberflächen
- Einbauen von montagefertigen Teilen
- Selbstständiges Durchführen von Kundenaufträgen von der Planung bis zur Fertigung

Ausbildungsdauer
- 3 Jahre
- Ausbildung in Betrieb und Berufsschule
- 1. Jahr Berufsgrundschuljahr im Vollzeitunterricht

Abschluss
- Gesellenprüfung zur Tischlerin/zum Tischler

Berufliche Weiterbildung
- Tischlermeister/-in
- Restaurator/-in
- Staatlich geprüfte(r) Techniker/-in – Holztechnik
- Kundenberater/-in
- Fertigungsplaner/-in
- Fachbauleiter/-in
- Weiterführendes Studium an Akademien

Weitere Informationen findest du im Internet auf den Webseiten der Bundesagentur für Arbeit und auf anderen berufsorientierenden Internetseiten zum Ausbildungsberuf „Tischler/-in".

Überprüfe dein Wissen!

In eurem Projekt hast du viel über Planung, Herstellung und Verkauf eines Produkts erfahren. Bearbeite die folgenden Aufgaben.

Bevor man mit einem Projekt beginnt, sollte man zuerst die Marktchancen überprüfen.

1. Erkläre den Begriff „Marktchancen".
2. Wozu dient eine Umfrage?

Ein Projekt muss immer exakt geplant sein.

1. Erkläre, in welchen Schritten ein Projekt abläuft.
2. Ergänze: Projekte erfordern ...?
3. Erkläre den Begriff „Fließfertigung" mit eigenen Worten.
4. Was versteht man unter „Betriebsmittel"?
5. Nenne Betriebsmittel eines/einer
   - Tischlers/Tischlerin bzw. Schreiners/Schreinerin,
   - Maurers/Maurerin,
   - Bäckers/Bäckerin,
   - Kochs/Köchin.
6. Wiederhole alle Sicherheitsmaßnahmen, die ihr bei eurem Projekt beachten musstet.
7. Nenne Finanzierungsmöglichkeiten und erläutere ihre Vor- bzw. Nachteile.
8. Warum sollte man bei der Produktion einer Ware eine Bedarfsplanung durchführen?

Auch die Produktion will durchdacht sein.

1. Was ist der Unterschied zwischen dem Produktionsablauf „Reihenfertigung" und „Fließfertigung"? Welchen Ablauf kennst du schon (z. B. aus dem Praktikum)?
2. Kostengünstig zu produzieren, bedingt vor allem eine geschickte und rationelle Arbeitsorganisation. Finde hierzu drei Punkte.
3. Warum kann ein Teamleiter bei der Produktion hilfreich sein?

Um das Produkt möglichst oft verkaufen zu können, spielt das Marketing eine wesentliche Rolle.

1. Erkläre den Begriff „Marketing" mit eigenen Worten.
2. Welche Ziele hat die Werbung? Zähle sie auf.
3. Erstelle ein Werbeplakat für ein Produkt deiner Wahl.
4. Ein Produkt lässt sich nur so gut verkaufen, wie es präsentiert wird. Nenne Merkmale einer erfolgreichen Präsentation.
5. Erkläre den Begriff „Kalkulation".

Produktherstellungen haben stets zum Ziel, einen Gewinn zu machen. Man benötigt mehr Einnahmen als Ausgaben.

1. Wie lautet die Formel, mit der man den Gewinn bzw. Verlust berechnet?
2. Welche Beträge gehören zu den Kosten (Ausgaben)? Zähle sie auf.

Neben der Projektbewertung ist natürlich auch eine Projektpräsentation wichtig: Macht eine Ausstellung über euer Projekt mit vielen Fotos. Vielleicht habt ihr auch die Möglichkeit, einen kleinen Film über die Herstellung des Produkts zu drehen.

Auf einen Blick!

Mit dem Projekt hast du eine Lernmethode angewandt, mit der du ein Arbeitsvorhaben, z. B. die Produktion einer Ware sinnvoll planen, strukturieren und organisieren kannst. Du hast gelernt, nach wirtschaftlichen Grundsätzen zu produzieren und das Fertigungsverfahren der Fließfertigung anzuwenden. Was dies bedeutet, ist in der folgenden Übersicht nochmals zusammengefasst.

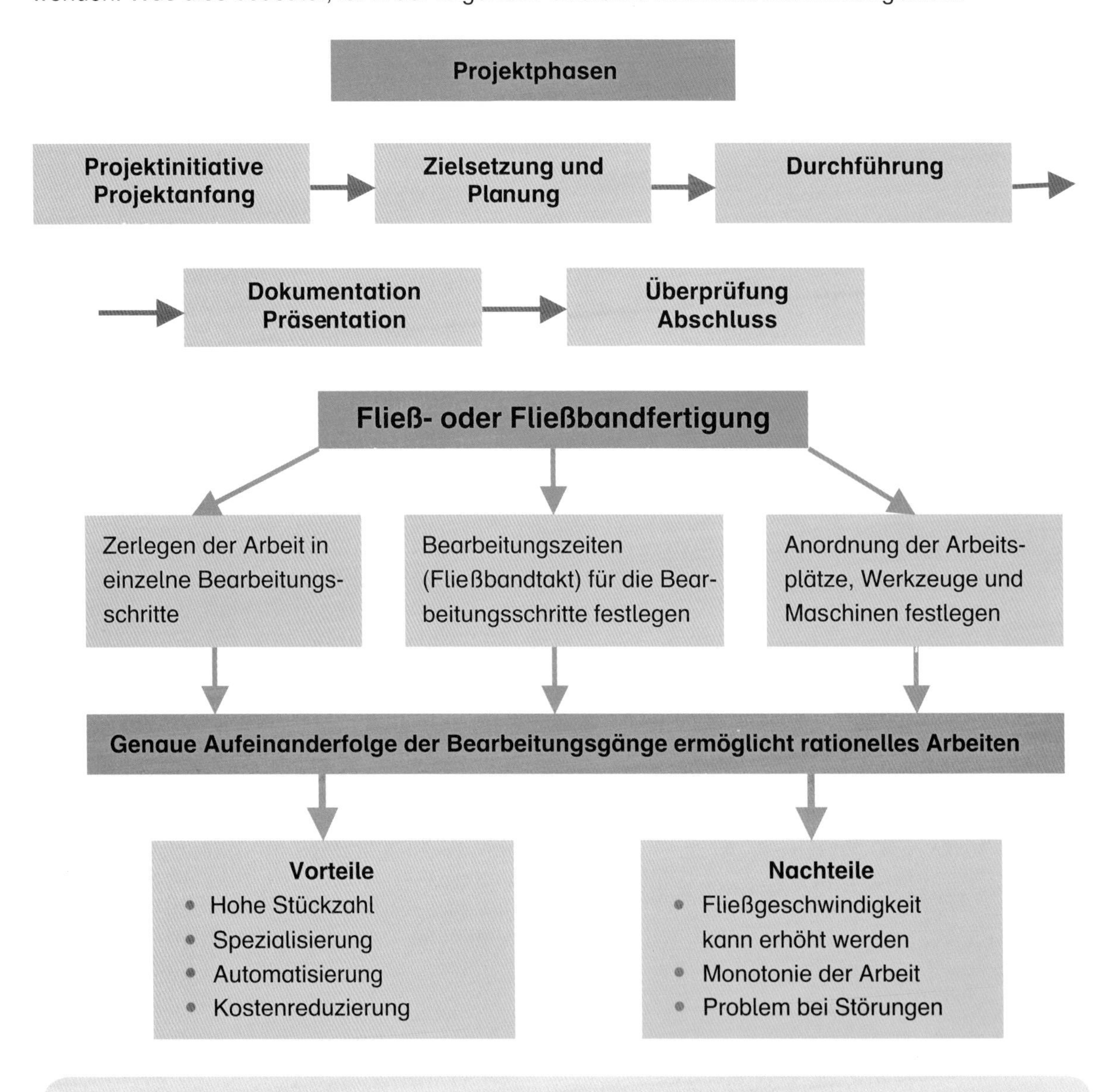

1. Erkläre die Zusammenhänge in Form eines Kurzvortrages. Verdeutliche sie dabei mit Beispielen.

3 Die persönliche Berufsorientierung

Lebensplanung und Berufswunsch

Lebensplanung ist Zukunftsgestaltung

In der 7. Klasse hat jeder von euch im Zusammenhang mit beruflicher Orientierung, Berufswahl und Berufsweg bestimmte Vorstellungen über seine Zukunft entwickelt und sich Gedanken zu seiner Lebensplanung gemacht. Erste Erfahrungen im Betriebspraktikum, bei Betriebserkundungen und aus Gesprächen zur Berufsorientierung und die Bewerbung um einen Ausbildungsplatz verlangen von euch Entscheidungen, die eure Lebensplanung beeinflussen und bestimmen werden.

Andrea hat sich für einen Beruf im Handwerk entschieden: „Im Betriebspraktikum habe ich meine Erfahrungen als Kfz- und als Industriemechanikerin gemacht. Ich möchte nach der Ausbildung noch drei bis vier Jahre arbeiten, dann eine Familie gründen und Kinder haben. Wenn die Kinder in die Schule gehen, will ich in Teilzeit arbeiten."

Lebensplanung und Arbeitswelt

Der schnelle Wandel in der Technik, der Strukturwandel in der Wirtschaft und die Globalisierung stellen die Menschen in Bezug auf die Arbeits- und Berufssituation vor neue Herausforderungen. Viele Berufe unterliegen einem ständigen Wandel, was heute an Qualifikation ausreicht, kann morgen schon zu wenig sein. Dein Lebensplan und deine Zukunftsgestaltung sind von der wirtschaftlichen Gesamtsituation abhängig und wie du mit ihr umgehst.

Merke Flexibilität, Mobilität und lebenslanges Lernen sind wichtige Faktoren, um einen Ausbildungsplatz bzw. Arbeitsplatz zu erhalten. Die berufliche Zukunft und der Lebensplan hängen vom einzelnen ab, was er heute, morgen oder später daraus macht.

1. Diskutiert die Ansichten der Schülerinnen und Schüler und die Lebensplanung von Andrea.
2. Erstellt eigene Berufs- und Lebenspläne und vergleicht sie.

Lebensplanung und Berufswahl

Unterschiedliche Erwartungen und Interessen

Alle Berufsanfänger haben bestimmte Wünsche, Interessen, Erwartungen und Vorstellungen von ihrem Beruf, der bestimmte Fertigkeiten, Fähigkeiten und Eigenschaften voraussetzt. Manuela, Tobias, Josef und Kevin unterhalten sich über ihre Berufswünsche und ihre berufliche Zukunft. Jeder hat so seine eigenen Vorstellungen. Während Manuela und Tobias vor ihrem ersten Betriebspraktikum stehen, haben Kevin und Josef bereits ihre Ausbildung begonnen.

Manuela möchte Tierpflegerin werden und bei einem Tierarzt ihr Praktikum machen. Sie geht gerne mit Tieren um und glaubt, dass sie die erforderlichen Fähigkeiten besitzt.

Tobias möchte Computerfachmann werden. Er meint, dass dies ein Beruf mit guten Aussichten in der Zukunft ist, in dem man sehr gut bezahlt wird. Außerdem geht er davon aus, dass er als absoluter Computerfreak dafür bestens geeignet ist.

Unterschiedliche berufliche Planungen

Kevin und Josef haben auch ihre Vorstellungen und Erwartungen von ihrer beruflichen Arbeit, beruflichen Zukunft und ihrer Lebensplanung.

Kevin hat eine Ausbildung zum Kraftfahrzeugmechatroniker mit dem Schwerpunkt Motorradtechnik begonnen. Nach deren Abschluss möchte er in eine Werkstatt wechseln, die sich auf Rennmaschinen spezialisiert hat und Rennfahrer betreut. Er möchte die technische Wartung der Rennmaschinen übernehmen, bei Rennen auf der ganzen Welt dabei sein, Kontakt mit den Rennfahrern haben. Er träumt von einem „Leben im Rampenlicht".

Josef, der Zimmermann lernt, möchte nach seiner Ausbildung von seinem Ausbildungsbetrieb übernommen werden. Deshalb würde er auch in die Montage wechseln und auf Baustellen gehen, auch wenn er die ganze Woche von Zuhause weg ist. Wichtig für ihn ist ein sicherer Arbeitsplatz. Zusätzlich reizt ihn der Mehrverdienst. Er möchte später eine Familie gründen und sich den Grundstock für ein Eigenheim zusammensparen.

Merke Berufliche Erwartungen und Wünsche sind nicht immer realisierbar. Die berufliche Planung darf sich nicht allein an den Wünschen und Erwartungen festmachen.

1. Wie unterscheiden sich die Vorstellungen von Manuela und Tobias?
2. Was hältst du von dem Wunsch von Josef, sich eine sichere Existenz aufbauen zu wollen?

Interessen und Berufswunsch

Jeder Mensch hat viele Interessen, die sich nicht alle im Leben oder im zukünftigen Beruf verwirklichen lassen. Manuela und Tobias wollen herauszufinden, welche Interessen für ihre Ausbildung und ihren Wunschberuf von Vorteil sind. In einer Tabelle haben sie ihre Interessen notiert und durch Ankreuzen deren Wichtigkeit bewertet.

Manuela: Berufswunsch Tierpflegerin	sehr wichtig	wichtig	weniger wichtig
Umgang mit Tieren	X	–	–
Deutsch	–	X	–
Lesen	–	X	–
PCB	X	–	–
Naturliebe	X	–	–
Computer	–	X	–
Sport treiben	–	X	–

Tobias: Berufswunsch Computerfachmann	sehr wichtig	wichtig	weniger wichtig
Mit PC beschäftigen	X	–	–
Mathematik	X	–	–
Informatik	X	–	–
Lesen	–	–	X
Gitarre spielen	–	X	–
Sport treiben	–	–	X
Englisch	X	–	–

Interessen und Berufswahl

Manuela und Tobias haben unterschiedliche persönliche Interessen, die für ihren Wunschberuf unterschiedliche Bedeutung haben und für die Wahl des Berufes ausschlaggebend sein können. Manche Interessen und Vorlieben sind kurzfristig oder ändern sich im Laufe des Lebens, manche bleiben ein Leben lang. Für deine Berufswahlentscheidung sind vor allem diese Interessen wichtig, weil sie die Freude an der beruflichen Arbeit verstärken und das Durchhaltevermögen im Beruf fördern können.

Lebenslange Interessen sind gekennzeichnet eben besonders durch ihre Dauer, ihre Häufigkeit und ihre Stärke. Dies lässt sich von dir mit drei Fragen überprüfen:

Seit wann habe ich diese Interessen?

Wie oft gehe ich diesen Interessen nach?

Würde ich auf diese Interessen verzichten?

Merke Eigene Interessen kennzeichnen Dinge, die man gerne macht. Es sind „Hobbys", die dann für die Auswahl eines Berufes von Bedeutung sind, wenn sie nicht kurzlebig sondern dauerhaft sind. Individuelle Interessen führen auch zu individuellen Berufswünschen.

1. Ergänze die Tabelle von Manuela und Tobias mit wichtigen Interessen, die für deren Wunschberufe von Vorteil sein können. Begründe deine Ergänzung.
2. Warum können sich Interessen im Laufe des Lebens verändern? Versuche die Begründung an einem Beispiel.
3. In jedem Beruf sind bestimmte Interessen von Vorteil. Welche Interessen hältst du für deinen Wunschberuf für wichtig? Vergleicht eure Ergebnisse in der Klasse.
4. Erstellt eine Mind Map zu der Aussage: „Warum können Interessen für die Berufswahl motivierend sein?"

Fähigkeiten und Berufswunsch

Interessen sind zwar motivierend für die Berufswahl, dürfen dafür aber nicht alleine den Ausschlag geben. Jeder Mensch verfügt über Fähigkeiten, die je nach Begabung unterschiedlich sein können. Der eine ist besser im Sport, der andere im Rechnen. Die Fähigkeiten, die dir von Natur aus mitgegeben worden sind, solltest du ergründen und in deine Berufswahl mit einbeziehen. Zum Beispiel muss ein Altenpfleger Einfühlungsvermögen für den Pflegebedürftigen mitbringen, der Zimmermann muss schwindelfrei sein und technisches Verständnis haben.

Fähigkeiten lassen sich in drei Bereiche einordnen:

Körperlicher Bereich
Fähigkeiten, die das körperliche Leistungsvermögen betreffen, z. B. robuste Gesundheit, körperliche Ausdauer und Kraft, handwerkliches Geschick, Gefühl für Werkstoffe

Geistiger Bereich
Fähigkeiten wie z. B. technisches Verständnis, logisches Denken, sprachliches Ausdrucksvermögen, Kreativität, Ideenreichtum, Merkfähigkeit, Formempfinden

Sozialer Bereich
Fähigkeiten wie z. B. gerne mit Menschen zusammenarbeiten, Einfühlungsvermögen, Hilfsbereitschaft, Teamfähigkeit, sachliches Vertreten einer Meinung, Konfliktfähigkeit usw.

In einer Tabelle ermittelten Fritz, Hubert und Helena durch Selbsteinschätzung ihre Fähigkeiten, die sie im Betriebspraktikum überprüfen wollten.

Fritz: „Meine Selbsteinschätzung hat sich im Betriebspraktikum bestätigt. Ich erfülle die Berufsanforderungen, einige muss ich noch verbessern."

Fritz: Berufswunsch Kraftfahrzeugmechatroniker mit dem Schwerpunkt Motorradtechnik	trifft nicht zu	trifft zu	trifft voll zu
Häufige Arbeit im Stehen	–	X	–
Gekonnter Umgang mit Werkzeug	–	–	X
Verständnis für technische Zusammenhänge	–	–	X
Erkennen von Fehlern und Finden von Lösungen	–	–	X
Hand- und Fingergeschicklichkeit	–	–	X
Umgang mit anderen Menschen	–	X	–
Bereitschaft zur Alleinarbeit	–	X	–
Umstellungsfähigkeit (wechselnde Aufgaben)	–	X	–

1. Erkunde deine Fähigkeiten. Erstelle dazu eine Tabelle nach obigem Muster.
2. Erkläre den Begriff „Fähigkeiten" anhand von Beispielen mit eigenen Worten.
3. Wodurch unterscheiden sich „Interessen" und „Fähigkeiten"? Erkläre dies an einem Beispiel.

Hubert: „Selbstständiges Arbeiten und Organisieren liegt mir. Beim Umgang mit verschiedenen Computerprogrammen war ich nicht überfordert. Meine Englischkenntnisse muss ich noch verbessern, da die Firma mit anderen Firmen aus dem Ausland zusammenarbeitet. Meine Selbsteinschätzung hat sich zum großen Teil bestätigt."

Hubert: Berufswunsch Bürokaufmann	trifft nicht zu	trifft zu	trifft voll zu
Gute PC-Kenntnisse			X
Systematisches Arbeiten		X	
Vor der Gruppe etwas präsentieren		X	
Organisation und selbstständige Arbeitsplanung			X
Sprachliche Gewandtheit		X	
Langes Stehen	X		
Englisch als Fremdsprache		X	
Teamfähigkeit			X

Helena: „Mein Betriebspraktikum in einem Altenheim hat mich positiv überrascht. Der Umgang mit den alten Menschen hat mir persönlich sehr viel gebracht. Zuzuhören, sich ihrer Sorgen anzunehmen und ihnen zu helfen, war für mich nicht immer ganz einfach, auch wenn die alten Menschen meistens sehr dankbar dafür sind. Meine Selbsteinschätzung hat meinen Berufswunsch bestätigt."

Helena: Berufswunsch Altenpflegerin	trifft nicht zu	trifft zu	trifft voll zu
Einsatz von Kraft		X	
Aufbringen von Ausdauer			X
Gabe, einfühlsam zuzuhören			X
Verständnis für technische Geräte	X		
Organisation und selbstständige Arbeitsplanung		X	
Umgang mit anderen Menschen			X
Psychische Belastung ertragen		X	
Kontaktfähigkeit			X

Fertigkeiten und Berufswunsch

Anna möchte Bäckerin und Konditorin werden. Kuchen zu backen, ist ihre Leidenschaft. Viele Rezepte kennt sie auswendig und braucht kaum noch Backanleitungen. Mit viel Geschick und Können „kreiert" und präsentiert sie bereits eigene Kuchen oder Torten. Sie verfügt schon über viele Fertigkeiten, die für diesen Beruf Voraussetzung sind. Den Umgang mit Backofen, Rührgerät usw. beherrscht sie „im Schlaf". Die nötige Hand- und Fingergeschicklichkeit hat sie sich bereits durch ihr Hobby Backen erworben.

Merke Fähigkeiten sind besondere Begabungen, die du von Natur aus besitzt oder die du erwerben und entwickeln kannst. Fertigkeiten sind Kenntnisse und Techniken, die du bereits erworben hast und die du sicher beherrschst. Um den Anforderungen deines Berufes zu genügen, musst du bestimmte Fähigkeiten und Fertigkeiten mitbringen. Bei der Selbsteinschätzung deiner Fähigkeiten und Fertigkeiten musst du ehrlich sein.

1. Über welche Fähigkeiten und Fertigkeiten verfügst du? Welche sind besonders für deine spätere Berufswahl wichtig? Begründe sie anhand von Beispielen.
2. Erstellt in Gruppenarbeit für einen Beruf ein Qualifikationsprofil mit Interessen, Fähigkeiten und Fertigkeiten in Form einer Mind Map.

Dein persönliches Qualifikationsprofil

Um einigermaßen sicher zu gehen, dass dein Wunschberuf zu dir passt, musst du die Anforderungen des Berufes mit deinen Fähigkeiten, Fertigkeiten, Interessen und Erwartungen überprüfen, das heißt, das Anforderungsprofil des Berufes mit deinem persönlichen Qualifikationsprofil vergleichen. Du hast viele Informationen darüber erhalten, welche persönlichen Faktoren bei deiner Berufswahl eine wichtige Rolle spielen. Möglicherweise ist dein Interesse für einen bestimmten Beruf jedoch nur kurzfristig entstanden, weil ein guter Freund den Beruf ergriffen hat. Deine persönlichen Qualifikationen und Voraussetzungen sind entscheidend, nicht die Meinung eines Freundes oder weil ein bestimmter Beruf im Augenblick in Mode ist. Die folgende Übersicht zeigt dir noch einmal wichtige Faktoren auf, die bei deiner Berufswahl eine entscheidende Rolle spielen sollten.

Interessen:
Welche bringe ich als Voraussetzung mit? Sind es nur Neigungen? Haben sie für mich eine persönliche Bedeutung?

Wünsche/Erwartungen:
Kann ich meine Wünsche verwirklichen? Welche Erwartungen habe ich an den Beruf? Welche hat der Beruf an mich? Stimmen sie überein oder sind es Gegensätze?

Fähigkeiten:
Wo liegen meine Stärken und mein Schwerpunkt: im Bereich der geistigen, körperlichen oder sozialen Fähigkeiten?

Fertigkeiten:
Welche Kenntnisse und Techniken, die ich sicher beherrsche und die mir leicht fallen, verlangt mein Wunschberuf?

Berufliche Planung — Lebensplanung:
Passen Berufswunsch, berufliche Planung und Lebensplanung zusammen?

Merke Berufliche Orientierung und Berufswahl erfordern von dir Ehrlichkeit in der Selbsteinschätzung und eine möglichst hohe Übereinstimmung deines Qualifikationsprofils mit den Anforderungen des Berufs.

1. Fertige ein persönliches Qualifikationsprofil von dir an. Zeige es deinem Mitschüler, deinem Lehrer oder den Eltern. Wie schätzen sie dich ein?
2. Welche Berufsbilder passen aufgrund deiner persönlichen Einschätzung zu dir? Vergleiche ihre Anforderungsprofile in „BERUF AKTUELL“ mit deinem Qualifikationsprofil.

Lernmethode: Zukunftswerkstatt

Richtige Entscheidung für einen Beruf

Lebensplanung und Berufswunsch

In Betriebserkundungen, im Betriebspraktikum und in Gesprächen mit Eltern, Lehrern und dem Berufsberater habt ihr euch Gedanken über eure Lebensplanung und berufliche Zukunft gemacht. Die Entscheidung für einen Beruf fällt nicht leicht. Eine gute Methode, diese Entscheidung richtig zu treffen, ist die der Zukunftswerkstatt. Dabei steht die Frage nach eurer Zukunft im Mittelpunkt: Nachzudenken, Ideen zu sammeln, zu diskutieren und Wege für die Lebens- und Berufsplanung zu finden sind die Ziele der Zukunftswerkstatt.

Phasen der Zukunftswerkstatt

Diese Methode lässt sich mit der ganzen Klasse oder auch in Gruppen durchführen.
Voraussetzung: Alle Teilnehmer sind gleichberechtigt, müssen aktiv teilnehmen und miteinander arbeiten.
Jede Zukunftswerkstatt besteht aus drei Phasen. Alle Beiträge und Ergebnisse sind wertvoll und sollten optisch (Wandzeitung, Collagen, Mind Map, Lebensbaum, Rollenspiel usw.) dargestellt werden.

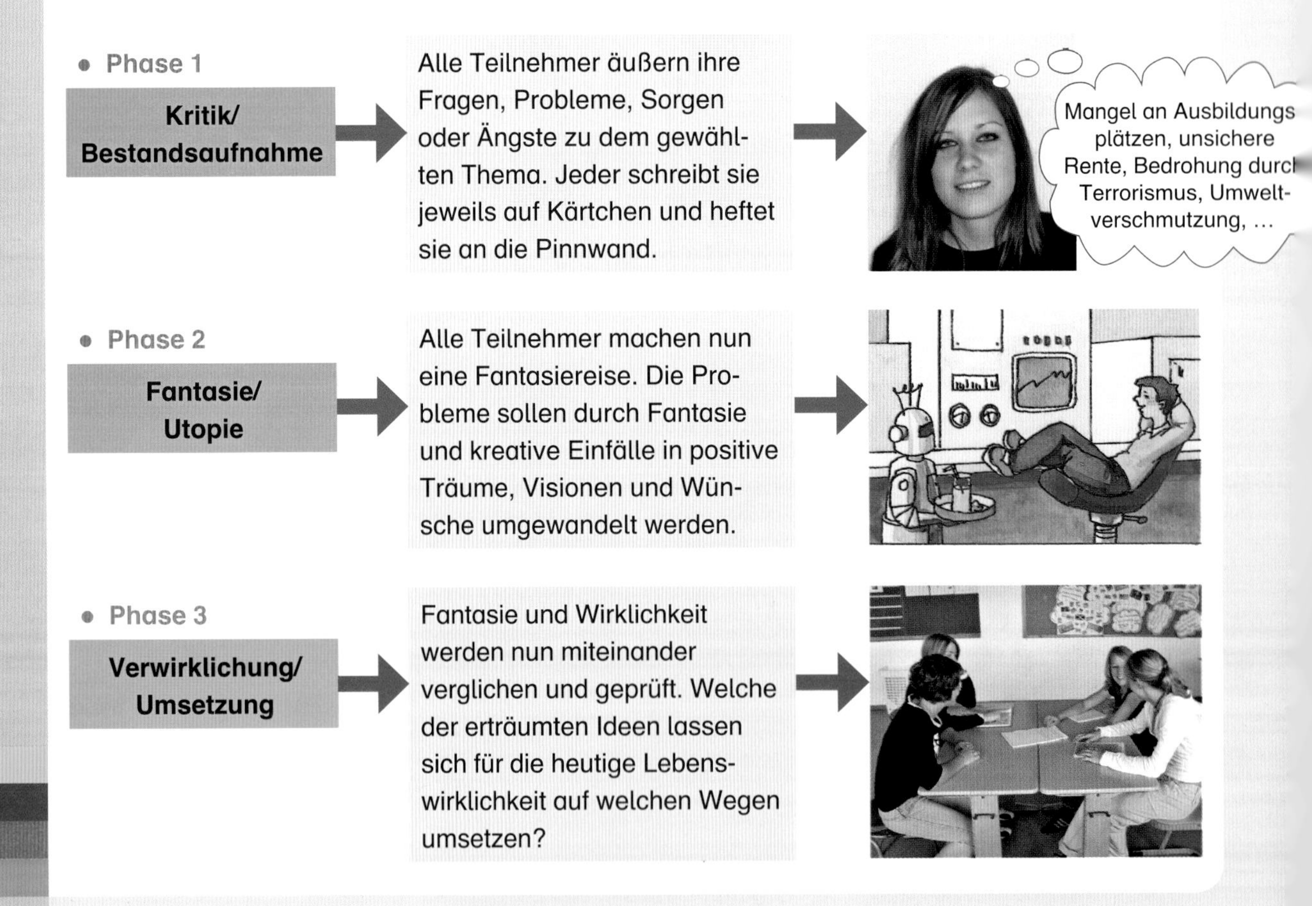

Zukunftswerkstatt „Ausbildungs- und Arbeitsplatz“

Die Klasse 8 hat sich als Thema den zukünftigen Arbeitsplatz gewählt. Ein wichtiges Ziel der Zukunftswerkstatt ist die begründete Berufswahlentscheidung. Diese beruht auf Informationen zum Beruf, zur Arbeitswelt und zum eigenen Persönlichkeitsprofil, das mit dem Anforderungsprofil der Berufs- und Arbeitswirklichkeit verglichen werden soll. Mit den Erfahrungen aus Betriebspraktikum und Betriebserkundungen sind die Schüler der Klasse nun beim „Träumen und Basteln“ ihres beruflichen Lebensplanes, ihrer Zukunft.

Phase 1: Kritik und Bestandsaufnahme

- Wir formulieren Fragen zum Thema.
- Wir sammeln möglichst viele Kritikpunkte in Form von Stichwortkarten, Bildern, Zeitungsausschnitten usw. Jeder stellt seine „Kritikpunkte“ vor.
- Wir wählen Themen aus. Dazu verwenden wir Klebepunkte, von denen jeder insgesamt fünf vergeben kann, je nach Thema bis zu drei.
- Wir teilen uns in interessensgleiche Gruppen und erstellen Plakate zu den ausgewählten Fragen oder Themen.

Zur Durchführung ihrer Zukunftswerkstatt haben sich die Schüler auf die Arbeitsmethoden und Darstellungsformen geeinigt, die sie bereits seit der 5. Klasse kennen: Teamarbeit, Rollenspiel, Wandzeitung, Pinnwand, Collagen, Mind Map usw. Sie legen sich Pinn-Nadeln, Farbstifte, Scheren, farbige Papierkarten, Zeitungen, Zeitschriften, Bücher und Infomaterial zum Thema zurecht und stellen das Klassenzimmer für die Gruppenarbeit um.

Beispiele aus den Gruppen

- Was beunruhigt mich besonders an der derzeitigen Ausbildungsplatzsituation?
- Welchen Beruf soll ich erlernen?
- Welche Ängste habe ich vor meiner Berufsausbildung?
- Welche Probleme der heutigen Arbeitswelt kann ich jeden Tag in der Zeitung lesen?
- Reicht meine Schul- und Berufsausbildung für eine gesicherte Zukunft aus?

1. Es gibt persönliche und berufliche Lebensziele. Erklärt den Unterschied anhand von Beispielen.
2. „Welche Probleme der heutigen Arbeitswelt kann ich jeden Tag in der Zeitung lesen?“ Ordnet sie und stellt sie in einer Wandzeitung übersichtlich dar.

Phase 2: Fantasie und Utopie

- Wir lassen der Fantasie freien Lauf und stellen uns den zukünftigen idealen Arbeitsplatz vor.
- Wir malen ein Bild oder erstellen eine Collage unseres Wunschberufes oder Arbeitsplatzes.
- Wir schreiben ein Zukunftsmärchen und spielen es im Rollenspiel vor.
- Wir schreiben eine Zeitungsreportage für das Jahr 2050.

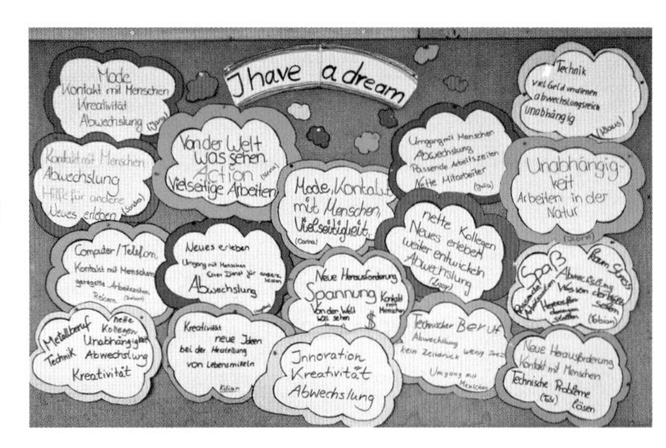

Beispiele aus den Gruppen

- Wie soll mein zukünftiger Arbeitsplatz aussehen?
- Wie stelle ich mir Beruf und Familie vor?
- Was erträume ich mir vom Arbeitsleben nach der Ausbildung?
- Wie sieht mein Arbeitsplatz im Jahr 2050 aus?

Die Ergebnisse werden in der Klasse von den Gruppen vorgestellt und diskutiert.

Phase 3: Verwirklichung und Umsetzung

- Wir vergleichen unsere Fantasien mit der Wirklichkeit.
- Wir wählen die Wege aus, die sich heute umsetzen lassen, ergänzen und verfeinern sie.
- Wir erstellen ein Persönlichkeitsprofil zur Selbsteinschätzung.

Beispiele aus den Gruppen

- Wie informiere ich mich umfassend über meinen zukünftigen Arbeitsplatz?
- Was muss ich jetzt für meine Berufswahl tun?
- Welche Entscheidungshilfen für meine Berufswahl nutze ich?
- Wie erstelle ich mein persönliches Profil?
- Wie plane ich meinen beruflichen Weg?

Merke Die Zukunftswerkstatt als Methode zeigt auf, wie man seine Berufsentscheidung umfassend vorbereiten, persönliche und berufliche Aspekte abstimmen und so eine Zukunftsperspektive für Beruf und Leben entwickeln kann.

1. Erarbeitet das Thema Familie und Beruf mit der Methode Zukunftswerkstatt.
2. „Schnell Geld zu verdienen ist mir wichtiger als der richtige Beruf." Diskutiert diese Aussage.

Einrichtungen und Informationsquellen zur Berufsberatung

Agentur für Arbeit

Bereits in der 7. Klasse hast du dich über die Agentur für Arbeit informiert. Eine wichtige Informationsquelle für deine Berufsorientierung ist das dort angesiedelte Berufsinformationszentrum (BiZ). In ihm kannst du dich anhand folgender Angebote informieren:

Informationsmappen mit den wichtigsten Details über den Beruf und das Berufsbild

Die **Berufskundlichen Kurzbeschreibungen (BKB)** liefern auf je einem Blatt die wichtigsten Informationen zu einem Beruf.

Die Filme aus der **BiZ-Filmliste** liefern vor allem Informationen zur Ausbildung, Tätigkeit und Weiterbildung.

Zusätzliche **Informationsschriften** z. B.
- MACH'S RICHTIG
- BERUF AKTUELL
- WAS WERDEN

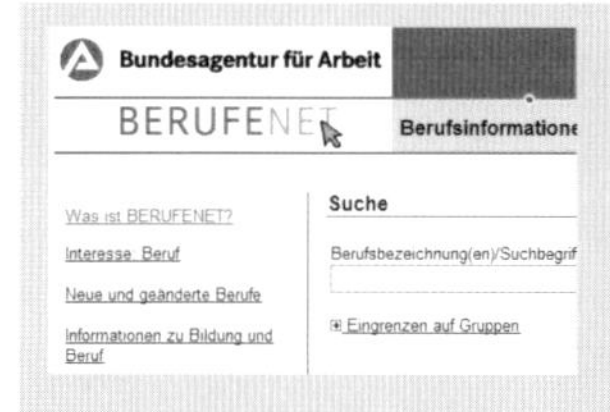

Internet-Center: Im Berufsinformationszentrum werden moderne Informationsplätze mit kostenlosem Internetzugang angeboten. Du kannst hier online auf Stellensuche gehen und auf die Datenbank von BERUFEnet zugreifen. Ein Mitarbeiter des BiZ hilft dir, wenn du Fragen hast. Du kannst dich in BERUFEnet auch von zu Hause aus einwählen.

Internetadressen zur Berufswahl

Informationen dazu findest du auf den Webseiten der Bundesagentur für Arbeit und auf anderen berufsorientierenden Internetseiten.

Merke Die Agentur für Arbeit ist mit ihren Berufsberatern, ihren Einrichtungen und ihren Informationsschriften eine wichtige Anlaufstelle für deine Berufsorientierung. Sie berät dich bei deiner Berufswahl und bei der Vermittlung von Ausbildungsplätzen.

1. Neben der Agentur für Arbeit gibt es noch weitere Informationsquellen für Berufsberatung. Recherchiere dazu im Internet und sammle die gefundenen Adressen in deinem Berufswahlpass.
2. Vergleiche zwei dieser Möglichkeiten im Hinblick auf deine beruflichen Vorstellungen.

Die Agentur für Arbeit und ihre Berufsberater

Die Berufsberater der Agentur für Arbeit sind für die Berufsberatung der Jugendlichen zuständig. Sie kommen von der regionalen Agentur, sind mit der örtlichen Wirtschaftsstruktur, dem Angebot an Ausbildungsplätzen und den Schulen vertraut. Sie sind Profis auf dem Gebiet der Berufsberatung und der Vermittlung von Ausbildungsplätzen. Sie bieten folgende Dienstleistungen für die Schüler und die Schulabgänger an:

- Bereitstellung von Informationsmaterial zu den Berufen
- Klassenveranstaltungen in der Schule
- Einzelberatungsgespräche für Schülerinnen und Schüler
- Vorbereitung und Besuch im BiZ (mobil)
- Elterninformationsabende
- Berufswahltest
- Vermittlungsaktivitäten für Praktikumsplätze und Ausbildungsplätze

Ein Jugendlicher informiert sich in Begleitung seiner Mutter bei der Berufsberaterin der Agentur für Arbeit.

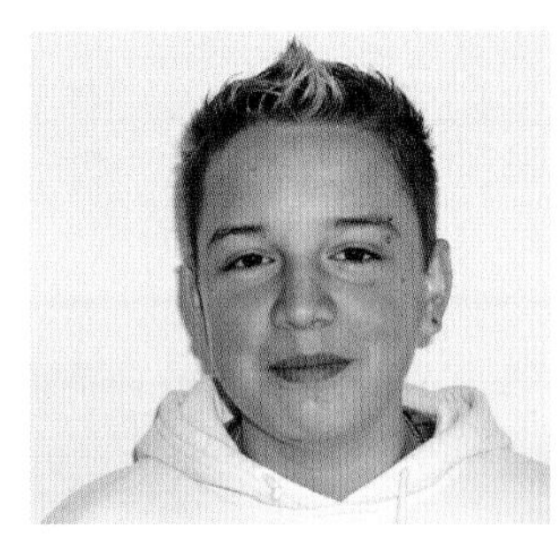

Beispiel: Markus besucht die 8. Klasse. Er hat sich bereits bei Betriebserkundungen und in einem Betriebspraktikum über verschiedene Berufe informiert. Für sein erstes Gespräch bringt er den von einem Berufsberater vorab ausgeteilten Fragebogen mit, in dem er seine Interessen, Neigungen, Fähigkeiten und Fertigkeiten, persönlichen Merkmale und Bedürfnisse, gesundheitlichen und schulischen Voraussetzungen, Berufswünsche usw. aufgeschrieben hat. Sie bilden die Grundlage für die Berufsberatung. Zusätzlich macht er einen Berufswahltest, der ihm und dem Berufsberater hilft, den richtigen Beruf zu finden. Er zeigt Markus auf, wo er seine Stärken hat, bietet ihm Alternativberufe an, vermittelt ihm Adressen für weitere Betriebspraktika und unterstützt ihn weiter bei seiner beruflichen Orientierung.

Merke Die Agentur für Arbeit unterstützt mit ihren Einrichtungen, Berufsberatern, Veranstaltungen, Informationen, Vermittlung von Praktikums- und Ausbildungsplätzen die Berufswahl der Schulabgänger.

1. Formuliert in der Klasse Fragen für die erste Klassenveranstaltung mit der Berufsberatung. Den Fragenkatalog übermittelt ihr vorab dem/der Berufsberater/-in.
2. Notiere für deine erste persönliche Beratung Fragen an den/die Berufsberater/-in.

Berufliche Anforderungen vergleichen

Fritz und Helena haben mithilfe eines Fragebogens ihre Fähigkeiten festgestellt und diese im anschließenden Betriebspraktikum getestet. Während eines BiZ-Besuches informieren sie sich ausführlich über den gewählten Wunschberuf.

Berufliche Anforderungen des Feinwerkmechanikers

Tätigkeitsbeschreibung (Auszug):
• Wartung, Instandsetzung von Motorrädern
• Umbauen, Tunen, Funktionsprüfungen durchführen
• Arbeiten mit computergestützten Mess- und Prüfsystemen
• Fehlerdiagnosen durchführen, Messprotokolle erstellen
Notwendige Fähigkeiten (Auszug):
• Sorgfalt und Verantwortungsbewusstsein
• Gutes technisches Verständnis (Konstruktionszeichnungen erstellen und lesen können)
• Permanente Lernbereitschaft in moderner Technik
• Gute Kenntnisse in Mathematik und Physik
Zusätzliche Kenntnisse (Auszug):
• Erweiterte Kenntnisse in Elektronik, Computertechnik und Datenverarbeitungstechnik
• Fachspezifische Englischkenntnisse

Fritz vergleicht seine persönlichen Fähigkeiten und Voraussetzungen mit denen im Anforderungsprofil des Kraftfahrzeugmechatronikers: „Als schulische Voraussetzung für diesen Ausbildungsplatz brauche ich einen guten Quali, noch besser wäre der Abschluss in der M 10. Die handwerklichen und technischen Voraussetzungen bringe ich im Großen und Ganzen mit. Allerdings muss ich meine Englischkenntnisse noch verbessern und im berufsorientierenden Zweig Technik meinen fachpraktischen Lernschwerpunkt legen."

Berufliche Anforderungen der Altenpflegerin

Helena vergleicht ihre Fähigkeiten und Einschätzungen mit dem Anforderungsprofil der Altenpflegerin. Sie staunt über die vielfältigen Aufgaben und das umfangreiche Tätigkeitsfeld im stationären oder ambulanten Bereich. Für sie ist klar: „Altenpflegerin ist mein Wunschberuf". Deshalb möchte ich unbedingt den Quali und danach den Abschluss in der M 10 anstreben, um die Voraussetzungen für einen Ausbildungsplatz zu erfüllen."

Tätigkeitsbeschreibung (Auszug):
• Betreuung, Pflege und Beratung hilfsbedürftiger alter Menschen bei der Alltagsbewältigung
• Durchführen medizinisch-pflegerischer Aufgaben im stationären oder ambulanten Bereich
• Organisieren und Verwalten der Pflegeeinsätze
Notwendige Fähigkeiten (Auszug):
• Hohes Verantwortungsbewusstsein
• Gute Deutschkenntnisse (Pflegeprotokoll führen)
• Gute Beobachtungsgabe, Einfühlungsvermögen
• Kontaktbereitschaft, psychische Belastbarkeit
Zusätzliche Kenntnisse (Auszug):
• Psychologische Zusatzkenntnisse
• Führerschein Klasse B

1. Interpretiert und bewertet die Feststellungen von Fritz und Helena.

Der Berufswahlpass

In der 7. Klasse hast du bereits einen Berufswahlpass angelegt. Er ist ein sogenanntes Portfolio, in dem du alle deine Aktivitäten und Nachweise für deine Berufsorientierung sammelst. Ein Pass ist wie eine Eintrittskarte in ein Land. Dein Berufswahlpass ermöglicht dir den Eintritt ins Berufsleben, deshalb halte alle wichtigen Schritte und Erfahrungen gewissenhaft fest.

Wichtige Inhalte in der 8. Klasse zur Berufsorientierung und Berufswahl

Schule/Unterricht
- Grundwissen der Berufs- und Arbeitswelt
- Förderung von Interessen, Fertigkeiten und Fähigkeiten
- Sammeln praktischer Erfahrungen bei Erkundungen und in Betriebspraktika

Berufsberatung
- Information über verschiedene Berufsfelder und Berufe
- Individuelle Beratung
- Besuche im BiZ
- Vermittlung von Praktika- und Ausbildungsplätzen

Betriebe/Unternehmen
- Information über berufliche Anforderungen
- Angebot an Praktikumsplätzen
- Offene Ausbildungsstellen

Eltern/Freunde
- Informationen und Erfahrungen durch eigene Berufstätigkeit
- Unterstützung, Förderung und Hilfe bei der persönlichen Entscheidung

Bewerbungen
- Bewerbungsunterlagen
- Vorstellungstermine
- Einstellungstests

Dokumentationen
- Zertifikate aus dem Betriebspraktikum
- Teilnahmebescheinigungen über Betriebserkundungen, Veranstaltungen zur Berufsberatung schulischer und außerschulischer Partner, Bewerbungstraining
- Sonstige Bescheinigungen (z. B. Erste-Hilfe-Kurs, Führerschein, Rettungsschwimmer usw.)
- Aktivitäten außerhalb der Schule (z. B. Mitarbeit in Vereinen und Jugendorganisationen usw.)
- Berichte aus dem Unterricht über Aktivitäten der Schule (z. B. Mitarbeit in der Schülerfirma, bei Projekten, im Schülercafe usw.)

1. Begründe die Vorteile eines Berufswahlpasses.
2. Erstelle eine Übersicht mit allen Personen, Einrichtungen und Betrieben, die für deine Berufswahl wichtig sind.
3. Vergleiche deine Vorstellungen aus der 7. Klasse mit denen aus der 8. Klasse. Wie haben sich deine Interessen und Berufsvorstellungen verändert?

Merke Mit dem Berufswahlpass kannst du deine Erfahrungen und dein erworbenes Wissen schriftlich dokumentieren.

Informationen für dich und deine Eltern

Planung und Durchführung eines Berufsinformationsabends

Dein Berufsberater und dein/e AWT–Lehrer/-in sind für dich wichtige Ansprechpartner, wenn es um deine Berufswahl geht. Sie beraten dich, unterrichten dich und geben dir Hilfen zur Berufsfindung. Wichtig sind aber auch deine Eltern, die bereits seit vielen Jahren im Beruf stehen. Sie wollen, dass du den für dich richtigen Beruf wählst. Sie kennen auch deine Stärken, Leistungsfähigkeit und Eignung. Um neueste Informationen zu erhalten, werden von den Schulen gemeinsam mit den Schülern Berufsinformationsabende geplant und organisiert.

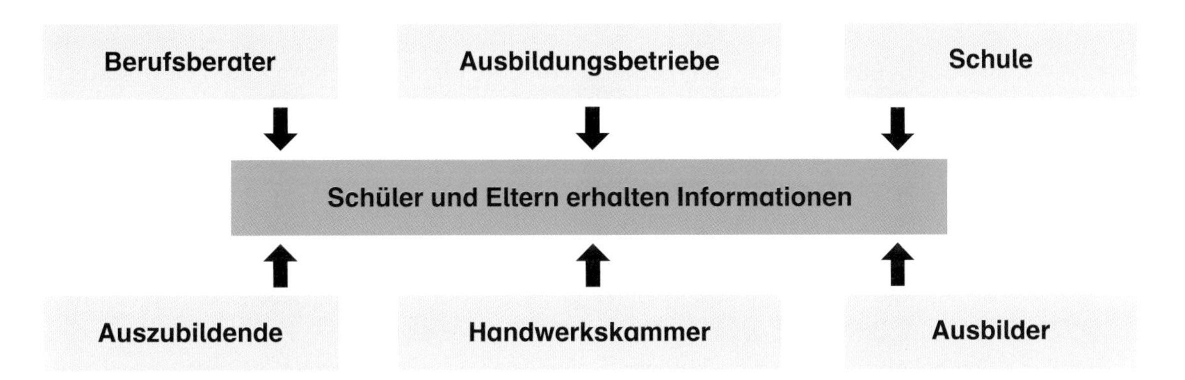

Planungsschritte

- Termin festlegen
- Einladungen erstellen
- Raumbelegung für Teilnehmer festlegen
- Für Getränke sorgen
- Programm erstellen und an Teilnehmer schicken
- Hinweisschilder anfertigen
- Presse einladen
- Ausstellung von Schülerarbeiten
- Auswertung des Abends

Mögliche Themen

- Regionaler Markt an Ausbildungsplätzen
- Vorstellung der Betriebe
- Gespräche mit Ausbilder, Azubis
- Neue Ausbildungsberufe und Ausbildungswege
- Entwicklung auf dem Arbeitsmarkt
- Information durch Berufsberater
- Erwartungen der Wirtschaft an die Berufsanfänger
- Zukunftsaussichten von Berufen
- Berufliche Bildungswege

Merke Der Berufsinformationsabend stellt persönliche Kontakte zwischen Wirtschaft, Berufsberatung, Eltern und Schüler her. Wichtige Ziele sind Beratung und aktuelle berufskundliche Informationen aus erster Hand.

1. Plant und organisiert einen Berufsinformationsabend an eurer Schule.
2. Gestaltet für diesen Abend eine Ausstellung zum Thema Berufsorientierung.

Wenn Eltern anderer Meinung sind

Mädchen und technische Berufe

Susanne ist in der 8. Klasse und möchte den Beruf der Industriemechanikerin ergreifen. Im Betriebspraktikum hat sie ihre ersten Erfahrungen gesammelt, ihr Berufswunsch hat sich verfestigt. Ihre Eltern haben dies nur als eine abwegige Idee von ihr gesehen. Sie sind dagegen, weil sie der Meinung sind, dass das kein Beruf für eine Frau ist. Denn Frauen seien körperlich dafür überhaupt nicht geeignet und würden auch wenig technisches Verständnis mitbringen.

Susanne will ihre Eltern überzeugen. Denn auch sie möchte, dass ihre Eltern guten Gewissens den Ausbildungsvertrag unterschreiben. Sie versucht mit Argumenten, ihren Berufswunsch zu „untermauern“.

Argumente von Susanne

- Im Durchschnitt haben Mädchen die besseren Schulabschlüsse.
- Die Aussicht auf einen Ausbildungsplatz ist besser als in typisch weiblichen Berufen.
- Die Bezahlung ist besser als in den typischen Frauenberufen.
- Die Aufstiegschancen sind für Mädchen genauso vorhanden wie für Jungen.
- Es bieten sich bessere berufliche Zukunftsperspektiven. Dadurch ist auch eine längerfristige Lebens- und Familienplanung möglich.
- Als Handwerksmeisterin kann man auch ohne Abitur studieren.
- Der sich abzeichnende Fachkräftemangel bietet einen krisensicheren Arbeitsplatz.
- Industrieunternehmen und Handwerksbetriebe haben sehr gute Erfahrungen mit Mädchen in technischen Berufen gemacht.
- Technische Berufe sind abwechslungsreich und innovativ.

Zusätzlich hat Susanne ihre Eltern gebeten, sie zum „Girls'Day“ zu begleiten. Die Eindrücke von diesem Tag, die Gespräche mit den Ausbildern, den weiblichen Azubis, den Betriebsinhabern und den Ausbildungsbeauftragten haben auch Susannes Eltern davon überzeugt, den Berufswunsch ihrer Tochter zu akzeptieren.

Merke Informiere deine Eltern rechtzeitig über deine Berufswünsche, bzw. warum du ausgerechnet diesen Beruf erlernen willst. Versuche, durch sachliche Argumente deinen Berufswunsch zu begründen. Respektiere aber auch den Rat deiner Eltern.

1. Warum werden „Girls'Days“ veranstaltet? Besucht diese Veranstaltungen und wertet eure Eindrücke aus. Recherchiert dazu auch im Internet.
2. Handwerksmeister dürfen auch ohne Abitur studieren. Informiere dich bei deinem Berufsberater oder auch z. B. bei der Handwerkskammer.

Besuch einer Bildungsmesse

Eine weitere gute Möglichkeit, sich über die verschiedensten Berufe vor Ort und in der Umgebung zu informieren, sind die regionalen Bildungsmessen. Hier stellen die regionalen Betriebe und Firmen ihre Ausbildungsrichtungen, Ausbildungsplätze und Ausbildungsorte vor. Ergänzt wird dieses Angebot durch Fachschulen und sonstige berufliche Bildungseinrichtungen, z. B. Berufsschulen oder Handwerkskammern.

Der Blick in die Ausstellungshalle zeigt die zahlreichen Besucher einer Bildungsmesse.

Jugendliche informieren sich über die Ausbildung an einer beruflichen Fachschule.

Eltern und ihre beiden Söhne lassen sich die Herstellung von Chipkarten vorführen.

Das Friseurhandwerk wirbt um Auszubildende.

Merke Regionale Bildungsmessen sind wichtige Informationsquellen zur Berufsorientierung. Sie bieten einen Überblick über Betriebe, Berufe und Ausbildungs- und Arbeitsplätze.

1. Welche Vor- und Nachteile bieten Bildungsmessen gegenüber Betriebserkundungen oder einem Besuch im BiZ?
2. Erkundige dich bei deinem Berufsberater oder der örtlichen Handwerkskammer, ob und wann die nächste Bildungsmesse in deiner Region stattfindet.
3. Erstellt eine übersichtliche Dokumentation zum Besuch einer Bildungsmesse (Fotos, Zeitungsausschnitte, Firmenprospekte, Gespräche mit Betrieben, regionale Angebote an Ausbildungsplätzen, schulische Weiterbildungsangebote usw.)

Betriebspraktikum und Praxistage – endlich arbeiten!

In der 7. Klasse habt ihr Arbeitsplätze erkundet und in diesem Schuljahr bereits Betriebserkundungen durchgeführt. Ihr habt anderen in ihrem Beruf „über die Schulter" geschaut und sie beim Arbeiten beobachtet. Als nächstes werdet ihr Praxistage und ein ein- oder zweiwöchiges Betriebspraktikum ableisten.

Persönliche Vorstellungen

Manche Schüler aus der Klasse 8a haben ihre spontanen Vorstellungen:

Jan: „Ich werde Industriemechaniker, das ist der beste Beruf für mich, ich bräuchte gar kein Praktikum."

Susi: „Ich gehe in den Betrieb meines Vaters. Den kenne ich, da weiß ich über alles Bescheid."

Birgit: „Mein Traumberuf ist Floristin. Einen anderen Beruf will ich gar nicht ausprobieren."

Sascha: „Mein erstes Praktikum mache ich in der Schreinerei, mein zweites in einer Kfz-Werkstatt."

Viele Fragen

Das erste Praktikum wirft viel Fragen auf, die gemeinsam in der Klasse diskutiert werden.

1. Seid ihr mit den persönlichen Vorstellungen von Jan, Susi, Birgit und Sascha einverstanden? Diskutiert sie.
2. Notiere Gründe für deinen Praktikumswunsch und begründe sie.
3. Alle Schülerinnen und Schüler haben Fragen und Ängste. Sammelt weitere und erstellt dazu eine Mind Map.
4. Besprecht eure gesammelten Fragen mit Schülerinnen und Schülern, die bereits ein Betriebspraktikum abgeleistet haben.

Ziele des Betriebspraktikums

Wenn das Betriebspraktikum ein Erfolg werden soll, darf man es nicht nur als willkommene Abwechslung zum Schulalltag betrachten. Eure Diskussionen haben auch gezeigt, dass einige von euch schon genaue Vorstellungen vom Praktikum haben, anderen der Nutzen eines Praktikums noch nicht klar ist. Manche sind unsicher, was da auf sie zukommen könnte.

Hilfestellung für die Berufswahl

Bei Erkundungen in Betrieben, durch Beratungsgespräche mit deinem Klassenlehrer und dem Berufsberater der Agentur für Arbeit hast du dich bereits über deinen Wunschberuf informiert. Der beste Ratgeber aber ist, wie man sagt, „das Leben selbst“. Im Betriebspraktikum kannst du nun überprüfen, ob deine körperlichen, geistigen und auch sozialen Voraussetzungen für deinen Berufswunsch ausreichen. Das Betriebspraktikum kann eine wichtige Entscheidungshilfe für deine Berufswahl und damit für dein Berufsleben sein.

Kennenlernen der Berufs- und Arbeitswelt

Du erfährst, was es bedeutet, Tätigkeiten unter Anleitung oder selbstverantwortlich durchzuführen. Du musst mit anderen Arbeitskollegen zusammenarbeiten, du „schnupperst“ ins Betriebsklima einer Firma hinein und erkennst, wie wichtig Teamarbeit ist. Du bekommst einen Überblick über Leistungsanforderungen und Löhne. Du kannst Betriebsabläufe beobachten und bei der Herstellung von Produkten oder der Erbringung von Dienstleistungen dabei sein. Vielleicht erlebst du auch das Gefühl der Befriedigung und des Stolzes, wenn du eine Arbeit gut geschafft hast.

Merke Praxistage und Betriebspraktikum vermitteln einen konkreten Einblick in Berufe, den Berufsalltag und die Arbeitswelt. Durch selbstständiges Arbeiten und „learning by doing“ kann man sich seiner eigenen Fähigkeiten und Fertigkeiten bewusst werden.

Der richtige Praktikumsplatz

Bevor du dich um einen Praktikumsplatz bemühst, musst du dir über dein Berufsziel im Klaren sein. Wenn du die folgenden Fragen beantwortet hast, kannst auf die Suche gehen.

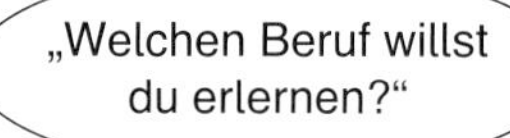

Die Wahl des Praktikumsplatzes

Nicht alle Betriebe bieten einen Praktikumsplatz an. Aber auch nicht jeder Betrieb ist geeignet für ein Betriebspraktikum. Grundsätzlich eignen sich die Betriebe, die Auszubildende einstellen. Sie haben ein Interesse an geeigneten Berufsanfängern und bieten euch eine gut organisierte Praktikumswoche, in der ihr viel über den Beruf erfahren und lernen könnt.

Wer unterstützt euch bei der Suche?

Neben dem Klassenlehrer ist es der Berufsberater der Agentur für Arbeit, der euch Praktikumsplätze nennen kann. Er kennt die Ausbildungs- und Ausbildungsstellensituation in der unmittelbaren Umgebung eures Heimat- und Schulortes. Auch die Handwerkskammer, die Industrie- und Handelskammer, das Amt für Landwirtschaft und die Innungen der Handwerksbetriebe informieren euch.

Warum ist eine Alternative beim Berufswunsch besonders wichtig?

Es ist nicht sicher, dass du in deinem Wunschberuf einen Ausbildungsplatz bekommst. Es kann auch sein, dass du für deinen Wunschberuf in deiner näheren Umgebung keinen Praktikumsplatz findest. Deshalb musst du dich nach ähnlichen Praktikumsplätzen umschauen. Dein Berufsberater hat dir sicher Alternativberufe genannt, für die du geeignet bist. Vielleicht entdeckst du, dass dir ein anderer Beruf genauso gut gefällt. Deine Zukunftschancen in der heutigen Arbeits- und Wirtschaftswelt erhöhen sich, wenn du flexibel und mobil bist.

1. Was bedeutet es, im beruflichen Leben flexibel und mobil zu sein? Begründet dies an Beispielen. Befragt dazu auch Eltern, Bekannte, Betriebsinhaber usw.

Persönliche Berufsorientierung im Praktikum

Du sollst möglichst viele Erfahrungen in „deinem Beruf“ und am „neuen“ Arbeitsplatz sammeln. So ein Betriebspraktikum bietet dir die Chance, dich eigenverantwortlich auf dein Berufsleben vorzubereiten. Es ist wichtig, dass du dir von deinem Wunschberuf ein genaues und umfassendes Bild machst, das dir bei der Berufswahl hilft. Folgende Fragen helfen dir:

Schulbildung, Ausbildung und Weiterbildung

- Wie lange dauert die Ausbildung?
- In welche Abschnitte gliedert sich die Ausbildung?
- Welche schulischen, körperlichen und allgemeinen Voraussetzungen verlangt der Beruf?
- Steht der Beruf auch Frauen offen?
- Welche Fächer sind in der Berufsschule wichtig?
- Bietet der Beruf Aufstiegsmöglichkeiten?
- Kann man sich im Beruf spezialisieren?
- Was verdient man als Auszubildender?
- Was verdient man als Geselle oder Meister?

Arbeitsplatz und Arbeitswelt

- Welche schwerpunktmäßigen Arbeiten und Tätigkeiten sind für den Beruf kennzeichnend?
- Welche körperlichen Anstrengungen erfordern die Tätigkeiten?
- Welches Arbeitstempo wird verlangt?
- Wie sind die Arbeitsplätze gestaltet? (z. B. Lichtverhältnisse, Be- und Entlüftung)
- Wie ist die Arbeitszeit geregelt? (z. B. Gleitzeit, Pausen, Schichtarbeit, Urlaub)
- Welche Arbeitstugenden werden vorausgesetzt? (z. B. Ausdauer, Sorgfalt, Ehrlichkeit, Freundlichkeit, Zuverlässigkeit)
- Wie ist die Arbeit organisiert? (z. B. Einzelarbeit, Teamarbeit, Fließband)
- Welches Betriebsklima herrscht vor? (z. B. „Kommandoton“, freundlich, partnerschaftlich)

Mögliche Fragen aus dem Praktikumsbetrieb an dich

- Warum hast du gerade diesen Beruf gewählt?
- Was weißt du bereits über diesen Beruf?
- Warum möchtest du dein Praktikum gerade in unserem Betrieb machen?
- Wo und wie hast du dich über unseren Betrieb informiert?
- Welche Unterrichtsfächer sind besonders wichtig für diesen Beruf?
- Wo liegen deine Stärken und deine Schwächen?
- Wie sehen deine Eltern deinen Berufswunsch?
- Käme für dich auch ein anderer Beruf in Frage?
- Was machst du in deiner Freizeit?

1. Ergänze diese Fragenkataloge durch eigene Fragen.
2. Schreibe auf, was für dich am wichtigsten in deinem Praktikum sein soll.
3. Sammelt weitere Informationen über eure Praktikumsberufe (Internet, BiZ usw.)

Fahrplan zum Ablauf deines Betriebspraktikums

Ein erfolgreiches Praktikum kann man nicht einfach so „aus dem Ärmel schütteln". Es muss sorgfältig vorbereitet und geplant werden. Denn Betriebe haben ein Interesse an geeigneten Berufsanfängern, vielleicht ist es dein Einstieg, um einen Ausbildungsplatz zu bekommen.

Planungsfragen

- Was will ich werden?
- Wie bekomme ich einen Praktikumsplatz?
- Bin ich versichert?
- Muss ich untersucht werden?
- Was will ich wissen und erfahren?
- Was muss ich während des Praktikums besonders beachten?
- Was habe ich gelernt und erlebt?
- Wie präsentiere ich meine Erfahrungen?

Dein erster Kontakt mit dem Betrieb

Wenn du dich für einen Betrieb entschieden hast, musst du dich dort vorstellen. Melde dich telefonisch an, damit sich der zuständige Chef oder Ausbildungsleiter für dich auch Zeit nehmen kann. „Der erste Eindruck ist immer der wichtigste", heißt ein altes Sprichwort, und da solltest du natürlich den besten machen.

„Spielregeln" zum Ablauf deines Besuches im Betrieb

1. Begrüßung
2. Nennung des Vornamens, Zunamens, Wohnortes
3. Angabe der Schule, des Zeitpunktes des geplanten Praktikums, Übergabe des Anschreiben der Schule an den Betrieb
4. Bitte um einen Praktikumsplatz, z. B. als Maurer
5. Begründung deines Berufswunsches
6. Begründung, warum du diesen Betrieb für dein Praktikum gewählt hast
7. Tragen von sauberer Kleidung, Bitte und Danke sagen ist selbstverständlich
8. Klärung organisatorischer Fragen, wie z. B. Arbeitszeiten, Arbeitsort(e), Arbeitskleidung, Betreuer, Praktikumsablauf usw.
9. Sich bedanken für die Zusage des Praktikumsplatzes

1. Betrachte das Bild. Was gefällt dir nicht an dieser Art der Vorstellung?
2. Du bist der Chef. Welchen Eindruck macht dieses Mädchen auf dich?
3. Begründe das Sprichwort „Der erste Eindruck ist immer der wichtigste" im Hinblick auf die Bewerbung.

Verhalten im Praktikum

Grundregeln für dein Verhalten im Betrieb

- Sei stets höflich, pünktlich, hilfsbereit.
- Besprich Probleme mit deinem Betreuer oder Lehrer.
- Befolge die Anweisungen deines Betreuers.
- Frage nach, wenn du etwas nicht verstanden hast.
- Mache nichts eigenständig und arbeite sorgfältig.
- Beachte die Betriebsordnung und die Vorschriften zur Unfallverhütung.
- Benachrichtige bei Krankheit deinen Betrieb, deinen Lehrer und die Schule.
- Führe täglich dein Berichtsheft.
- Frage nach Materialien, die du für dein Berichtsheft und die Praktikumsauswertung verwenden kannst.
- Vergiss nicht, betriebseigene Leihgaben zurückzugeben.
- Bedanke dich am Ende des Praktikums für deinen Praktikumsplatz.
- Kleide dich angemessen und gepflegt.
- Melde umgehend, wenn du etwas beschädigt hast.

Merke Wie dein Praktikum verläuft, ob es dir Freude macht, hängt nicht nur vom Betrieb, sondern auch von dir ab. Du arbeitest mit anderen Menschen zusammen, du musst dich ebenso wie deine „Arbeitskollegen“ auf die neue Situation einstellen. Positives Verhalten ist Grundvoraussetzung für ein erfolgreiches Praktikum. Vergiss nie, dass du im Betrieb Gast bist und dich auch als solcher benimmst.

1. Begründe die Wichtigkeit der einzelnen Regelungen.

Sicherheit und Unfallschutz am Arbeitsplatz

Bei jeder Arbeit gibt es Gefahrenquellen, die leicht zu Unfällen führen können. Du bist zwar im Praktikum haftpflicht- und krankenversichert, aber du sollst es ohne Verletzungen, und ohne dass du Schaden für den Betrieb verursachst, überstehen.

Grundregeln für deine Sicherheit

- Lass dich vor Beginn der Arbeiten in die Unfallverhütungsvorschriften einweisen.
- Achte auf Verbots-, Gefahren- und Hinweisschilder und befolge grundsätzlich die Anweisungen deines Betreuers.
- Frage nach, wenn du unsicher bist.
- Trage immer die vorgeschriebene Kleidung.
- Vergiss nicht, bei bestimmten Arbeiten Schutzbrille, Gehör- oder Atemschutz aufzusetzen.
- Informiere dich über die Rettungs- und Fluchtwege.
- Informiere dich, wo du „Erste Hilfe“ holen kannst.

Wichtige Hinweisschilder

Merke Betriebe sind verpflichtet, für ihre Mitarbeiter Arbeitsplätze zu schaffen, die sicher sind. Unfallverhütungsvorschriften müssen deshalb grundsätzlich eingehalten werden. Sie werden von der gesetzlichen oder der betrieblichen Unfallversicherung erstellt, um das Unfallrisiko zu mindern, um Unfälle zu verhüten oder unfallgeschädigte Arbeitnehmer wieder ins Arbeitsleben einzugliedern.

1. Erkläre die Grundregeln anhand von Beispielen.
2. Erklärt anhand von Beispielen die Bedeutung der Hinweisschilder.
3. Arbeitsplätze sollten unfallsicher, ergonomisch und umweltfreundlich gestaltet sein. Erklärt die Begriffe „ergonomisch“ und „umweltfreundlich“ anhand von Beispielen.
4. Informiert euch auch im Internet und bei der Berufsgenossenschaft über Unfallverhütung im Betrieb.

Das Berichtsheft

Was du im Praktikum erlebt, gelernt, beobachtet, erkundet, gefühlt oder erfahren hast, sollst du als Erfahrungs- oder Praktikumsbericht in deinem Berichts- oder Praktikumsheft festhalten. Du solltest es jeden Tag gewissenhaft führen; dann sind deine Eindrücke noch „frisch". Auch wenn du am Abend müde von der Arbeit nach Hause kommst, solltest du wichtige Beobachtungen und Erfahrungen aufschreiben, Fotos oder Prospekte von deinem Betrieb einkleben oder einheften. Bei einigen Fragen kann dir dein Betreuer helfen.
Auch in deiner späteren Ausbildung musst du ein Berichtsheft führen, in dem du die Tätigkeiten und Ausbildungsinhalte beschreiben musst.

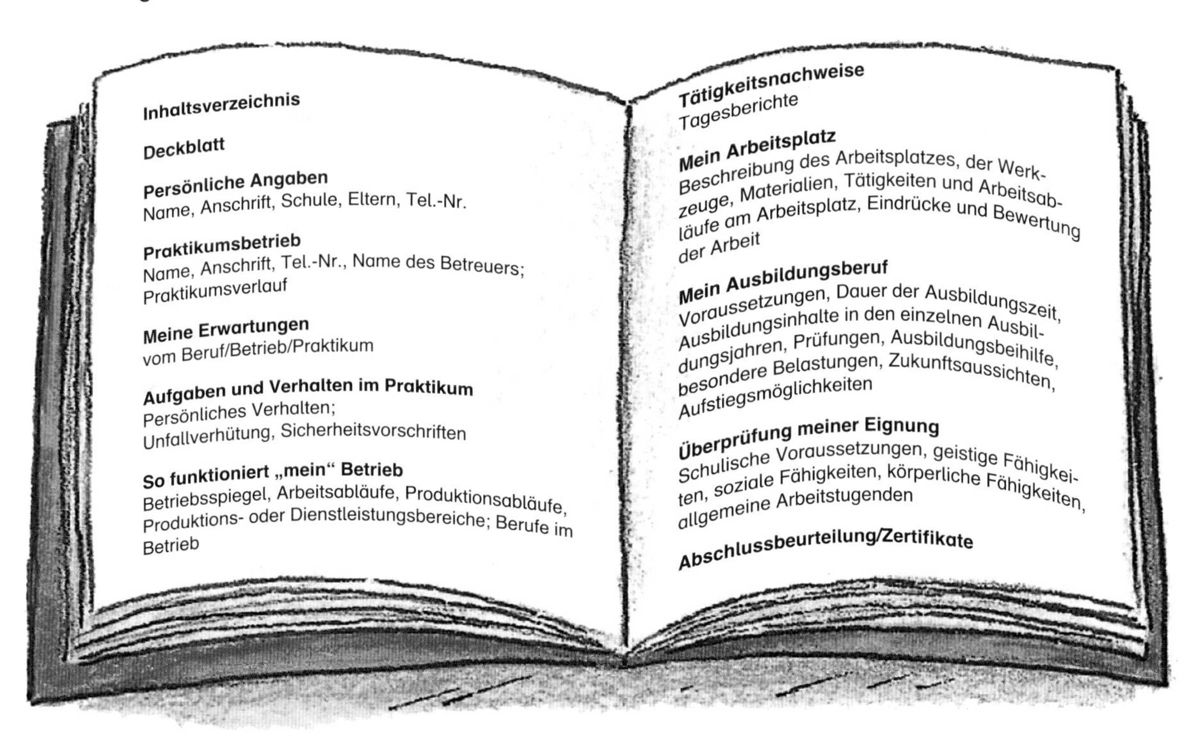

Merke Während des Betriebspraktikums sammelst du viele Eindrücke und Erfahrungen, die dir wertvolle Hinweise zum Beruf geben und eine wichtige Entscheidungshilfe für deine Berufsorientierung und Berufsentscheidung darstellen.

1. Was versteht man unter geistigen, sozialen und körperlichen Fähigkeiten bei der beruflichen Eignung? Listet in Gruppenarbeit Kriterien für verschiedene Berufe auf.
2. Was versteht man unter allgemeinen Arbeitstugenden? Befragt dazu Berufstätige und ordnet sie verschiedenen Berufen in einer Rangskala zu. Begründet eure Zuordnung.
3. „Mit einem gewissenhaft geführten Berichtsheft dokumentierst du deine Einstellung zum Beruf." Erkläre diese Aussage.

Manuela als Erzieherin

Ein ganz „normaler“ Tag im Kindergarten
„Nachdem alle Kinder anwesend waren, habe ich ihnen einige Geschichten vorgelesen. Im Personalzimmer informierte ich mich über Bastelanleitungen zum Mobile. Danach richtete ich die Tische für das Pausenfrühstück her. Mit den Kindergruppen aßen wir das Pausenbrot. Im Anschluss daran musste ich mit meiner Gruppe die Tassen und Teller abräumen und spülen. In der Mittagspause fuhr ich mit einer Erzieherin zum Einkaufen von Bastelutensilien und Lebensmitteln. Am Nachmittag bemalten wir Regenschirme. Das war sehr anstrengend, weil die Kinder immer Hilfe brauchten. Das Aufräumen mit den Kindern war ziemlich nervig. Nachdem die Kinder von den Müttern abgeholt worden waren, setzten wir uns zur Teambesprechung zusammen. Themen waren der heutige Tag und die Planung des kommenden Tages.“

Praktikumsplan

1. Tag: Begrüßung, Besichtigung der Einrichtung, Einweisung in Kindergruppe, einfache Spiele
2. Tag: Spielen im Garten, gemeinsames Pausenbrot, Mobile aus Pappe herstellen
3. Tag: Lieder üben, Geburtstagstisch vorbereiten, Geburtstag feiern, gemeinsame Spiele
4. Tag: Sitzkreis, Geschichten erzählen, Bilder malen, Lieder singen, Regenschirme bemalen
5. Tag: Verschiedene Übungen im Turnraum, Igel aus Ton herstellen

Meine Erfahrungen: „Man braucht viel Geduld, muss zuhören können und eigene Ideen haben, sicher im Auftreten und konsequent sein, z. B. beim Aufräumen oder wenn es zu laut wird.
Mein Berufswunsch hat sich bestätigt. Der Umgang mit den Kindern gefällt mir.“

Ramona als Bürokauffrau

Von der Bestellung bis zur bezahlten Rechnung
„Mein Praktikumsbetrieb ist ein großes Betonwerk mit Baustoffhandel. Als „Bürokauffrau" konnte ich den Betriebsablauf von der Bestellung bis zur Bezahlung der Ware kennen lernen. Den Kunden wird in der Auftragsannahme mittels Computer ein Lieferschein ausgestellt. Damit kann die Ware persönlich im Lager abholt werden, oder der Lkw-Fahrer unserer Firma liefert sie zum Kunden. Eine Durchschrift des Lieferscheines geht weiter zur Buchhaltung, die mit dem Computer die Preise errechnet und die Rechnung erstellt. Diese wird dann per Post an die Kunden verschickt. Die Buchhaltung erfasst anschließend anhand der Kontoauszüge die bezahlten Rechnungen der Kunden. Damit ist der Verkaufsvorgang abgeschlossen."

Praktikumsplan

1. Tag: Begrüßung, Führung durch den Betrieb, Verkauf, Rechnungen kontrollieren

2. Tag: Buchhaltung, Rechnungsstellung, Kontoauszüge mit Rechnungen vergleichen

3. Tag: Lieferscheine sortieren und kontrollieren

4. Tag: Bestellen von Baumaterial, Lieferscheine schreiben und an LKW-Fahrer austeilen

5. Tag: Telefonzentrale, Telefonate und Faxe entgegennehmen, Rechnungen in Computer eingeben

Meine Erfahrungen: „Es ist eine sehr interessante und vielseitige Arbeit. Der Umgang mit den Kunden macht viel Spaß und die Arbeit ist abwechslungsreich. Auf Deutsch, Mathematik und Umgang mit dem Computer wird besonderer Wert gelegt.
Mein Berufswunsch hat sich bestätigt."

Klaus als Metzger

Praktikumsplan

1. Tag: Begrüßung durch Chefin und Chef, Vorstellen der anderen Mitarbeiter, Besichtigen der Arbeits- und Kühlräume, Erklären der Arbeitsplätze, Beschreiben des Betriebsablaufes in der Metzgerei

2. Tag: Zubereiten von Fleischküchle und Kennenlernen der Arbeitsgeräte

3. Tag: Fleisch schneiden und portionieren, Gewürze abwiegen, Nussschinken in Netze füllen

4. Tag: Fleisch portionieren und Gewürzmischungen herstellen, Zwiebeln schälen, Speck schneiden für Wurstherstellung

5. Tag: Herstellung von Wurstsorten, Einlagern im Kühlraum, Fleischspeisen für Theke zubereiten

Bedingungen am Arbeitsplatz

- „Es herrschte ein angenehmes Betriebsklima vom Chef über alle Mitarbeiter. Sie waren freundlich und legten großen Wert auf Teamarbeit."
- „Belastungen: meist stehende Tätigkeit in Gummistiefeln, schwere Sachen tragen, konzentriert mit sehr scharfen Messern arbeiten, mit heißem Wasser und Chemikalien zum Putzen arbeiten"
- Anforderungen: „Oberstes Gebot ist sauberes und hygienisches Arbeiten. Beim Einhalten der Rezepturen für die Wurst ist genaues Arbeiten erforderlich."

Meine Erfahrungen: „In meinem Wunsch, Metzger zu lernen, wurde ich durch das Betriebspraktikum bestätigt. Mir gefällt die Arbeit, auch wenn man fast den ganzen Arbeitstag steht und bei künstlichem Licht arbeitet."

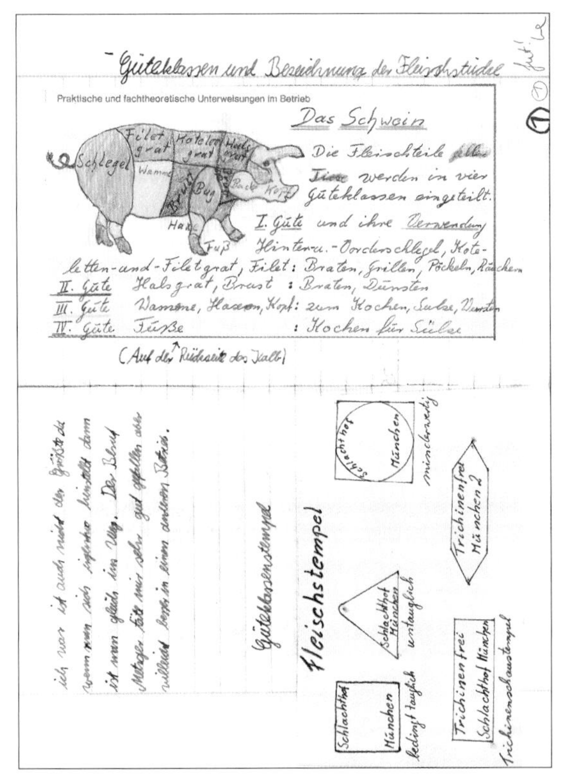

Güteklassen und Bezeichnung der Fleischstücke

Praktische und fachtheoretische Unterweisungen im Betrieb

Das Schwein

Die Fleischteile werden in vier Güteklassen eingeteilt.

I. Güte und ihre Verwendung
Hinter- u. Vorderschlegel, Kotelett- und Filetgrat, Filet: Braten, Grillen, Pökeln, Räuchern
II. Güte Halsgrat, Brust: Braten, Dünsten
III. Güte Wamme, Haxen, Kopf: zum Kochen, Sulze, Wursten
IV. Güte Füße: Kochen für Sülze

(Auf der Rückseite das Kalb)

Auswertung und Rückblick

Am Ende des Praktikums solltet ihr auf euer „Arbeitsverhältnis“ zurückblicken, Erfahrungen austauschen, vergleichen und auswerten. Mit diesem Rückblick gebt ihr euch selbst und den Mitschülern Auskunft, wie das Praktikum abgelaufen ist. Nicht bei jedem ist es optimal gelaufen. Bei manchem wird sich seine Vorstellung vom Wunschberuf nicht mit der Wirklichkeit gedeckt haben, andere wiederum sind in ihrer Berufswahl bestätigt worden. Ihr habt viel Wissenswertes über andere Betriebe, Betriebsabläufe, Arbeitsplätze, Betriebsgliederungen, Produktionsverfahren, Betriebsrat und Jugendvertretung, Löhne usw. erfahren. Das sollt ihr nun in der Klasse auswerten und darstellen.

Mögliche Gliederung des Praktikumsberichtes vor der Klasse

- Praktikumsbetrieb (Name, Art, Berufe)
- Praktikumsablauf in Kurzfassung
- Ein für den Betrieb typischer Arbeitstag
- Haben sich deine Erwartungen erfüllt?
- Was hat dir besonders gefallen, was nicht?
- Hat sich dein Berufswunsch bestätigt oder nicht? (kurze Begründung)

Merke Die Auswertung des Praktikums bzw. der Praxistage dient dazu, Erfahrungen auszutauschen, zu vergleichen und auszuwerten. Je genauer die Auseinandersetzung mit dem Erlebten erfolgt, desto besser ist der Überblick über den Beruf.

1. Erstellt in der Klasse eine Zusammenstellung über Praktikumsbetriebe und deren Ausbildungsberufe.
2. Erstellt über mehrere Monate hinweg eine Übersicht über angebotene Ausbildungsplätze. Wertet sie für eure Berufschancen aus.
3. Erstellt eine Dokumentation über euer Betriebspraktikum.

Praxistage in der Handwerkskammer

Die Handwerkskammer bietet Praxistage für die vertiefte Berufsorientierung an. In fünf Fachbereichen sammelten die Schülerinnen und Schüler eine Woche lang Erfahrungen in den Bereichen Elektro, Metall, Büro, Hauswirtschaft und Bau und Holz.

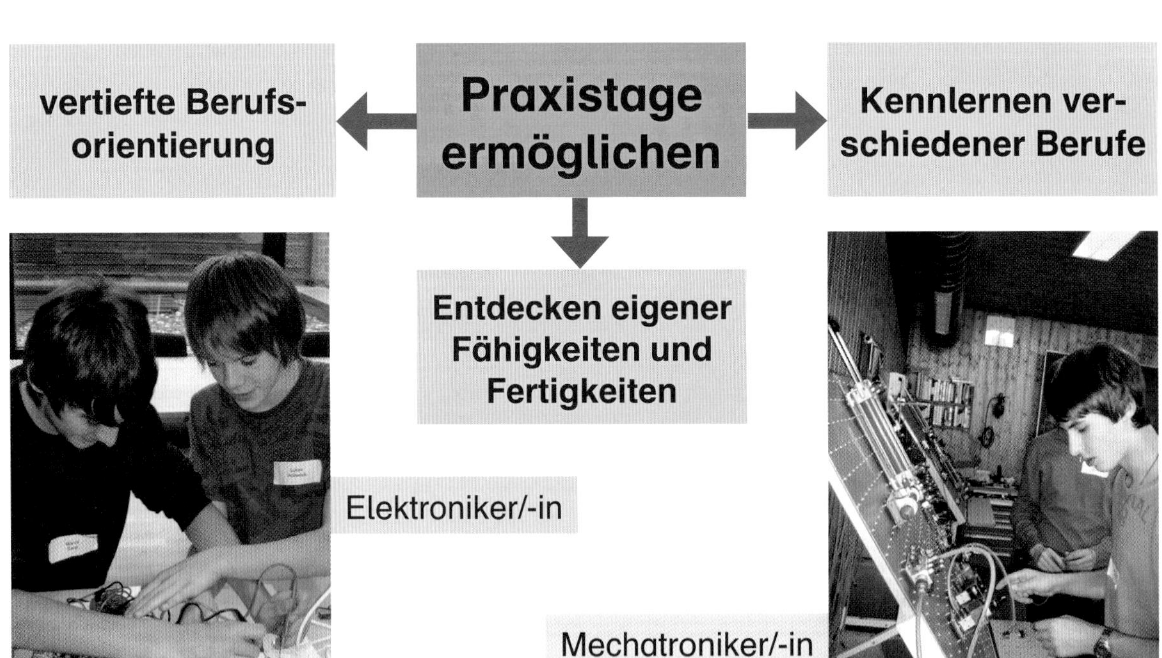

1. Erstelle zu den abgebildeten Berufen Berufsbilder in Form einer Mind Map mit folgenden „Ästen“: Voraussetzungen, Aufgaben, Arbeitsbedingungen, Arbeitsorte, Ausbildungsdauer und Abschlüsse, Möglichkeiten der beruflichen Weiterbildung.

Praxistage in Betrieb und Schule

Als eine andere Möglichkeit, in einem Beruf praktische Erfahrungen zu sammeln, haben Schüler, die sich für den Beruf des Zimmerers interessierten, mit einem ortsansässigen Zimmereibetrieb ein Gerätehaus aus Holz für die Unterbringung von Spiel- und Bewegungsgeräten gebaut.

In der Schule

- Entwerfen des Holzhauses
- Technische Zeichnung und Bauplan erstellen
- Materialliste erstellen
- Arbeitspläne erstellen (Arbeitsschritte, Maschinen, Werkzeuge, sonstiges Material)
- Aufstellen des Holzhauses
- Berufsbild des Zimmerers/der Zimmerin darstellen

Im Betrieb

- Holzbalken im eigenen Sägewerk schneiden
- Einzelteile nach den Bauplänen bearbeiten
- Maschinen zur Holzbearbeitung kennenlernen und unter Anleitung und Aufsicht bedienen
- Zimmerertypische Arbeiten ausführen

1. Erstelle zum Beruf des Zimmerers/der Zimmerin ein Berufsbild.

Bewerbung um einen Ausbildungsplatz

Bewerbungsunterlagen

Nicht selten hängt der Erhalt eines Ausbildungsplatzes von einer sach- und formgerechten Bewerbung ab. Sich bewerben bedeutet: **Für sich werben und „sich gut verkaufen“**. Eine Bewerbung besteht immer aus der schriftlichen Bewerbung und dem Vorstellungsgespräch. Die Bewerbungsunterlagen umfassen den Lebenslauf, das Bewerbungsschreiben, Zeugnisse, Teilnahmescheine von Praktika oder Kursen und ein aktuelles Passfoto.

Lebenslauf

Folgende Inhalte sollten im Lebenslauf aufgeführt werden:

- Überschrift: Lebenslauf
- Vor- und Zuname
- Adresse
- Geburtsdatum und -ort
- Name und Beruf des Vaters/der Mutter
- Zahl der Geschwister
- Schulbesuch/Schulbildung
- Schulabschluss
- Lieblingsfächer in der Schule
- Besondere/Sonstige Kenntnisse
- Hobbys
- Ort, Datum
- Unterschrift
- Passfoto

Sonja Rambold – Schöne Aussicht 40 – 90410 Nürnberg

Telefon 09 11/44 55 42
sora@rdf.de

Lebenslauf

Persönliche Daten

Geburtsdatum/-ort	21.04.1996 in Nürnberg
Staatsangehörigkeit	deutsch
Eltern	Hans Rambold, Zerspanungsmechaniker Felizitas Rambold, Hausfrau
Geschwister	Kevin Rambold, 17 Jahre, Auszubildender

Schulbildung

2002 - 2006	Grundschule Pfaffenweg, Nürnberg
Seit 2006	Hauptschule Pfaffenberg, Nürnberg
Angestrebter Schulabschluss	Qualifizierender Hauptschulabschluss

Arbeitserfahrung und Praktika

08/2010	zweiwöchiger Ferienjob als Aushilfe in der Boutique „Estelle“
02/2010	zweiwöchiges Praktikum im Salon „Claudia“ als Friseurin
04/2010	einwöchiges Praktikum in der Bäckerei Fritz als Fachverkäuferin im Nahrungsmittelhandwerk

Kenntnisse

gute Kenntnisse in Textverarbeitung
Grundkenntnisse in Tabellenkalkulation
5 Jahre Schulenglisch

Freizeit

Mitarbeit im Jugendzentrum „activ“
Mitglied im Tanzsportclub „Flavia“
Kochen und Backen

Nürnberg, 20. Februar 2011

Sonja Rambold

Merke Der Lebenslauf gibt Auskunft über die Person, den schulischen und später den beruflichen Werdegang. Manche Firmen verlangen einen handgeschriebenen ausführlichen, manche einen tabellarischen Lebenslauf.

1. Erstelle für dich einen ausführlichen und einen tabellarischen Lebenslauf.

Bewerbungsschreiben

Mit dem Bewerbungsschreiben möchtest du Interesse wecken und die Aufmerksamkeit des zukünftigen Arbeitgebers gewinnen. Im Bewerbungsschreiben stellst du alle für den Arbeitgeber interessanten Angaben über dich zusammen.

- Absender mit Name und Anschrift
- Wohnort, Datum
- Anschrift der Firma
- Betreffvermerk
- Anrede (mit Namen, wenn bekannt)
- Gewünschter Ausbildungsberuf
- Schulbesuch und Schulabschlüsse
- Begründung der Berufswahl
- Grußformel und Unterschrift
- Vermerk der beigelegten Anlagen

Kai Schmitz
Jakobsplatz 12
91052 Erlangen

15.01.2011

Firma Kunze
Industriestraße 43 a
91067 Erlangen

Bewerbung um einen Ausbildungsplatz als Maler

Sehr geehrte Damen und Herren,

wie ich erfahren habe, stellen Sie auch in 2011 Auszubildende ein. Ich möchte mich deshalb hiermit um einen Ausbildungsplatz bewerben.

Seit dem 14.09.2010 besuche ich die 9. Klasse der Mittelschule Elisenstraße und werde sie voraussichtlich im Juli dieses Jahres mit dem qualifizierendem Hauptschulabschluss verlassen.

In der letzten Zeit habe ich mich über die verschiedenen Aufgaben und Tätigkeiten eines Malers informiert und in dem Beruf auch ein Betriebspraktikum abgelegt. Dabei habe ich festgestellt, dass mir dieser Beruf sehr gefällt.

Ich würde mich sehr freuen, wenn Sie mich zu einem Vorstellungsgespräch einladen würden.

Meinen Lebenslauf, die Kopie meines letzten Zeugnisses und ein Passfoto lege ich bei.

Mit freundlichen Grüßen

Kai Schmitz

Anlagen:
Lebenslauf
Passfoto
Zeugniskopie

Onlinebewerbung

Viele Firmen wünschen auf ihre Stellenanzeigen eine Onlinebewerbung. Dies ist schnell und günstig und zeigt ihnen, dass der Bewerber mit moderner Kommunikationstechnik vertraut ist. Die Bewerbung erfolgt dann online über E-Mail. Manche Unternehmen stellen dafür auch Formulare ins Internet, in welche die gewünschten Angaben eingetragen werden sollen. Sie geben Hinweise, wie die Bewerbung aussehen soll und welche Angaben sie benötigen. Sie muss vollständig, übersichtlich, ansprechend aufbereitet, z. B. als Bildschirmpräsentation und mit einem marktüblichen Textprogramm verfasst sein. In der Regel enthalten Onlinebewerbungen Lebenslauf, Bewerbungsschreiben und Qualifikationen.

1. Verfasse ein Bewerbungsschreiben für deinen Wunschberuf.
2. Bereite anhand deiner Bewerbungsunterlagen eine Onlinebewerbung vor.

Vorstellungsgespräch

Wirst du zum Vorstellungsgespräch eingeladen, bist du in der engeren Auswahl für den gewünschten Ausbildungsplatz. Deshalb ist dieses Gespräch genauso wichtig wie Zeugnisse und Bewerbung. Du musst dich sehr gut darauf vorbereiten. Auch hier gilt, dass der erste Eindruck immer der wichtigste ist. Du hast es selbst in der Hand, diese Chance zu nutzen.

Inhaltliche Vorbereitung

Im Verlauf des Gesprächs werden dir viele Fragen gestellt. Überlege dir deine Antworten gut, antworte gezielt und ohne zu übertreiben. Die Antworten müssen der Wahrheit entsprechen. Auch Fragen von dir an den Betrieb z. B. zur Aus- und Weiterbildung und zu einer möglichen Übernahme in eine Festanstellung untermauern dein Interesse am Betrieb und am Ausbildungsplatz.

Merke Das Vorstellungsgespräch ist der wichtigste Teil der Bewerbung. Der Betriebsinhaber oder Ausbildungsleiter möchte zu den Bewerbungsunterlagen einen persönlichen Eindruck von dir gewinnen, der oft für den Erhalt eines Ausbildungsplatzes entscheidend ist. Eine gute Vorbereitung stärkt auch deine Selbstsicherheit.

1. Sammelt in Gruppenarbeit Fragen, die von euch oder vom Personalchef im Vorstellungsgespräch gestellt werden könnten.
2. Schreibe Fragen für deinen Ausbildungsplatz im Vorstellungsgespräch auf.

Persönlicher Eindruck

Du musst überzeugend wirken. Deshalb solltest du deinen Auftritt sehr gründlich vorbereiten. Aber: Nicht nur Gespräch, Gesprächsinhalte und die gute Gesprächsvorbereitung sind wichtig, sondern der Gesamteindruck, den du bei der Vorstellung bei deinem Gesprächspartner hinterlässt. Diesen Eindruck kannst du vermitteln durch:

- Bestätigen der Einladung zum Vorstellungsgespräch
- Pünktlichkeit
- Höflichkeit im Auftreten
- Gepflegtes und korrektes Aussehen
- Korrektes Vorstellen
- Korrekte Sprache und Blickkontakt
- Ehrlichkeit und Offenheit
- Angemessene Sitz- und Körperhaltung

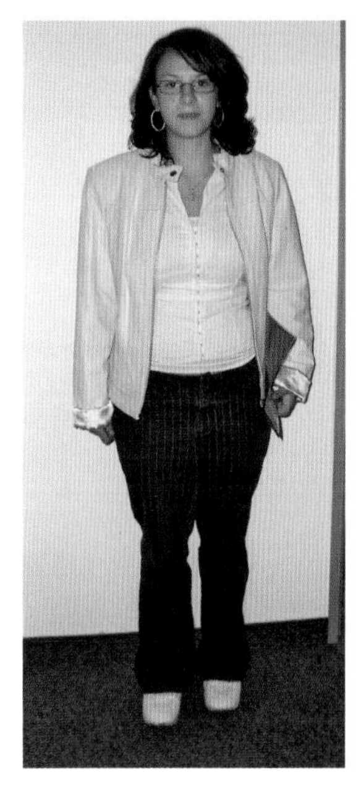

Einstellungstest

Manche Betriebe verlangen noch zusätzlich einen Einstellungstest, in dem sie sich von der Eignung der Bewerber überzeugen wollen. Diese Tests sind von Betrieb zu Betrieb unterschiedlich. Eine direkte Vorbereitung für einen bestimmten Betrieb ist selten möglich. Aber im Buchhandel, bei der Agentur für Arbeit oder im Internet sind Einstellungstests erhältlich.

Deshalb solltest du

- einige Einstellungstests üben, um mit der Struktur solcher Tests vertraut zu werden;
- rechtzeitig vor Testbeginn in der Firma sein;
- bei Tests mit Zeitvorgabe zuerst die Aufgaben lösen, die dir leicht fallen;
- nicht nervös werden, oft sind nicht alle Aufgaben in der vorgegebenen Zeit zu schaffen;
- möglichst viele Fragen lieber vollständig, als alle nur halb beantworten;
- dir vor Augen halten, dass zum Bestehen auch immer eine Portion Glück gehört.

Merke Bewerbungsschreiben, Lebenslauf, Vorstellungsgespräch und Einstellungstest verlangen sorgfältige Gestaltung und Vorbereitung. Sie sind entscheidend für den Erhalt eines Ausbildungsplatzes. Bewirb dich bei mehreren Betrieben. Bedenke, dass du nicht der einzige Bewerber bist. Lass dich bei Absagen nicht entmutigen.

1. Vergleicht beide Fotos. Beschreibt und bewertet die Personen hinsichtlich ihrer Kleidung und Körperhaltung. Was würdet ihr verändern?
2. Übt in der Klasse auch Einstellungstests unter Zeitdruck.

Lernmethode: Simulation eines Vorstellungsgesprächs

Eine gute Möglichkeit, sich auf das Vorstellungsgespräch vorzubereiten, ist die Simulation in Form eines Rollenspiels. In einer Simulation wird eine Situation – hier das Vorstellungsgespräch – nachgeahmt. Ihr sollt in bestimmte Rollen schlüpfen und spielen, also simulieren.

	Vorüberlegung	
1	Simulations-beschreibung	– Welches Gespräch wird simuliert? – Wer nimmt an dem Gespräch teil?
2	Rollenbeschreibung	– Welche Texte erhalten die Rollen? – Was sagt der Chef, die Azubis, der Berufsberater, …?
3	Zeitbedarf	– Wie lange soll das Gespräch dauern?
4	Gesprächsablauf	– Welche Grundlagen für den Ablauf werden festgelgt?
	Durchführung	
5	Rollenübernahme	– Wer spielt den Chef, den Bewerber, den Ausbildungsleiter, …?
6	Beobachtergruppe	– Wer beobachtet was, z. B. Sprache, Körperhaltung, Beantwortung der Fragen, …? – Wie beobachten wir, z. B. Beobachtungsblatt, Videokamera?
7	Simulation	
	Reflexion	
8	Auswertung	– Was war gut bzw. weniger gut? – Welche Verbesserungsvorschläge gibt es? – Was haben wir gelernt/erfahren? – Welche Gefühle hattest du als Bewerber? – Was muss der Einzelne bei sich beachten, verbessern, …?

Simuliert weitere Vorstellungsgespräche mit vertauschten Rollen.

1. Erarbeitet gemeinsam Hinweise zur Körpersprache und zum Sprechverhalten.
2. Erstelle deine persönlichen Regeln: Was muss ich bezüglich Körperhaltung, Sprache usw. verbessern?

Wie finde ich einen Ausbildungsplatz?

Claudia und Markus haben sich nach der Phase der Berufsorientierung für einen Beruf entschieden. Beide suchen einen Ausbildungsplatz. Hierbei ergeben sich zahlreiche Möglichkeiten, die sie in jedem Fall wahrnehmen wollen und über die beide diskutieren.

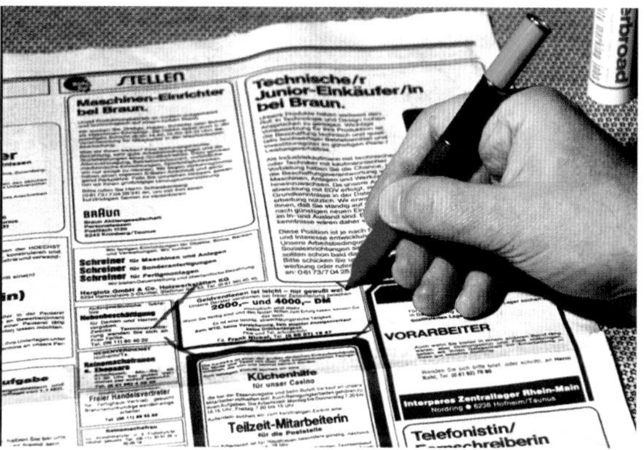

Tageszeitungen

Am Wochenende erscheinen in den regionalen und überregionalen Tageszeitungen Extra-Seiten mit Stellenangeboten und Stellengesuchen. In diesen Anzeigen ist meist sehr genau formuliert, welche Anforderungen, z. B. Schulabschluss, persönliches Engagement, Auftreten usw., von dir erwartet werden.

Dein Berufsberater

Seit der 8. Klasse kennst du deinen Berufsberater. Er hat dich informiert, getestet und beraten und wird dir jetzt sicher bei der Ausbildungsplatzsuche behilflich sein. Er kennt viele Firmen und Unternehmen in der Region. Er verfügt dadurch über zahlreiche Kontakte und weiß, wo noch Ausbildungsplätze frei sind, die zu deinem persönlichen Qualifikationsprofil passen.

Bewerbung direkt bei Betrieben

Die Ausbildungsbetriebe in deiner Umgebung bilden jährlich eine bestimmte Anzahl von Azubis aus. Bewirb dich rechtzeitig. Viele Betriebe machen einen Einstellungstest und laden dich zu einem persönlichen Vorstellungsgespräch ein. Da sind frühzeitige Termine zu vereinbaren und einzuhalten, wenn du keine Chance auf einen Ausbildungsplatz verpassen willst.

Ausbildungsplatzsuche im Internet

Auch im Internet gibt es ein umfangreiches Angebot an regionalen und überregionalen Ausbildungsplätzen. Die „Stellenausschreibungen" findest du direkt auf der Homepage der einzelnen Firmen, der betreffenden Behörden oder in sogenannten „Jobbörsen".

1. Bei welcher der vier Möglichkeiten siehst du die größten Chancen für den Erhalt eines Ausbildungsplatzes? Diskutiert Vor- und Nachteile der einzelnen Möglichkeiten.
2. Erstelle eine Anzeige zur Suche eines für dich passenden Ausbildungsplatzes.
3. Überprüfe deine Berufswahlentscheidung mit der Lernmethode auf der folgenden Seite, bevor du dich nun auf die ersten Ausbildungsplätze bewirbst.

Lernmethode: Ich entscheide mich

Phasen der Berufswahlentscheidung

Die Phasen der Berufswahlentscheidung sollen dir helfen, systematisch deinen Weg in die Berufs- und Arbeitswelt zu planen. Voraussetzungen dafür sind Ehrlichkeit und eine selbstkritische Bestandsaufnahme. Du musst dir auch darüber im Klaren sein, dass dies ein langer und beschwerlicher Weg werden kann, den du selbst beschreiten musst.

Persönlichkeits- und Qualifikationsprofil
Ich liste meine Fähigkeiten, Fertigkeiten, Interessen und Hobbys, meine Stärken und Schwächen oder auch meine Talente auf.

Informationsphase
Ich informiere mich über meine beruflichen Vorstellungen und Träume

- bei Betriebserkundungen
- in Gesprächen mit Eltern, Bekannten und Freunden
- in Betrieben
- beim Berufsberater
- bei Berufsorientierungstagen
- auf Handwerksmessen
- auf Börsen für Ausbildungsplätze
- bei den zuständigen Berufskammern
- im Internet

Orientierungsphase
Ich vergleiche meine persönlichen Stärken und Schwächen mit den Anforderungen der Berufe

- Auswahl des Wunschberufs
- Auswahl von Alternativberufen
- Vergleich zwischen Persönlichkeitsprofil und Berufswunsch
- Berufserkundung im Betriebspraktikum
- Gespräche mit Betriebsangehörigen, Lehrer und Berufsberater

Entscheidungsphase
Ich vergleiche die Wunschberufe

- Erstellen von Berufsbildern
- Vergleichen und Bewerten meiner Vorlieben und Interessen
- Bewerten der Berufe
- Aufstellen einer Rangliste
- Entscheiden für einen Beruf

Umsetzungsphase
Ich bewerbe mich um den Ausbildungsplatz

- Auswählen der Ausbildungsplätze
- Bewerbungen schreiben
- Vorstellungsgespräche führen
- Ausbildungsvertrag unterschreiben

Sind Familie und Beruf miteinander vereinbar?

In den Lebensentwürfen von Jugendlichen steht der Beruf vor Partnerschaft und Familie. Dies gilt für Mädchen und Jungen in der Ausbildung ebenso wie für junge Frauen und Männer, die bereits verheiratet sind. Viele Frauen und auch in zunehmendem Maße Männer wollen Beruf und Familie „unter einen Hut bringen". Dies ist nicht ganz einfach. Berufstätig und gleichzeitig Mutter oder Vater zu sein, ist nach wie vor problematisch.

Frau Meier: „Hausarbeit und Berufstätigkeit kann ich vereinbaren, finanziell geht es uns jetzt besser, mein Verdienst kommt auch der Familie zugute. Es war zwar am Anfang nicht ganz einfach. In meinem Beruf als Apothekerin hat sich manches geändert, neue Kolleginnen und Kollegen, neue Arbeitsgeräte, eine andere Filiale, neue Medikamente, neue Computerabrechnungen usw. Aber ich bin zufrieden, weil ich beides schaffe und weil wir in der Familie zusammenhelfen."

Seit ihre Kinder zur Schule gehen, arbeitet Frau Meier wieder.

„In meiner Jugendzeit brauchte ein Mädchen keine Ausbildung, weil sie heiratete, Kinder bekam und nur für die Familie da war."

„Ich möchte nur für meine Familie da sein. Für mich ist Mutter und Hausfrau der schönste Beruf. Wenn ich nebenbei berufstätig wäre, hätte ich ein schlechtes Gewissen."

„Ich möchte meinen Beruf auch mit Kindern ausüben. Mein Mann kann auch ein Erziehungsjahr nehmen."

„Ich würde gerne auch ein Erziehungsjahr nehmen. Das wird allerdings in meiner Firma nicht gerne gesehen."

1. Diskutiert die verschiedenen Meinungen. Findet weitere Argumente für ihre Aussagen.
2. Nennt Schwierigkeiten, die bei der Rückkehr in den Beruf auftreten können.
3. Begründet, warum berufstätige Mütter oder Väter auf die Unterstützung der Familienmitglieder angewiesen sind.

Typische Frauen- und Männerberufe?!?

Es ist leider eine Tatsache, dass in vielen männertypischen Berufen Frauen keine Chance haben, obwohl sie oft bessere Zeugnisse mitbringen. Nur langsam werden die Vorurteile abgebaut, dass Mädchen z. B. für einen technischen Handwerksberuf nicht geeignet sind. Mittlerweile hat sich in vielen Berufen, wie z. B. in der Feinmechanik oder in metallverarbeitenden Betrieben, der Frauenanteil erhöht, weil man sehr gute Erfahrungen gemacht hat. Manche Firmen umwerben über den sogenannten „Girl's Day" auch Mädchen für technische Berufe. Das liegt sicher auch daran, dass in diesen Berufen die schwere körperliche Arbeit von Maschinen verrichtet wird. Viele Mädchen nutzen diese Chance für eine berufliche Zukunft, stehen „ihren Mann" und brechen mit der alten Vorstellung von typischen Frauen- oder Männerberufen.

1. Interpretiert die Karikatur und die Aussagen der Schülergruppe.
2. Nennt typische Frauen- und Männerberufe. Sucht nach Merkmalen, die diese Berufe als Frauen- oder Männerberufe charakterisieren.
3. Erarbeitet ein Rollenspiel, in dem sich Mädchen oder Jungen für typisch andersgeschlechtliche Berufe bewerben.

Überprüfe dein Wissen!

In diesem Kapitel hast du dich intensiv mit dem Thema der persönlichen Berufsorientierung auseinandergesetzt. Die folgenden Aufgaben solltest du jetzt selbstständig bearbeiten können.

Bei deiner Berufswahl spielen persönliche Faktoren eine wichtige Rolle.

1. Erkläre die Begriffe „Interesse", „Fähigkeit" und „Fertigkeit".
2. Wähle ein Berufsbild aus und beschreibe, welche persönlichen Faktoren hier besonders wichtig sind.
3. Welche weiteren Faktoren solltest du bei deiner Berufswahl berücksichtigen?

Möglichkeiten der Berufsinformation

1. Suche im Internet zwei Möglichkeiten der Berufsinformation.
2. Welche Vorteile bietet der Besuch eines Berufsinformationszentrums?
3. Vergleiche dein persönliches Leistungsprofil mit einem Berufsbild, das deinen „Wünschen" entspricht.

Der Berufswahlpass als Begleiter

1. Aus welchen einzelnen Bausteinen besteht dein Berufswahlpass?
2. In welchen Situationen kann dir dein Berufswahlpass in der Berufsentscheidung eine wertvolle Unterstützung sein?

Sich zu bewerben heißt, sich gut zu verkaufen.

1. Liste alle Punkte auf, die zu einem vollständigen Lebenslauf und zu einem Bewerbungsschreiben gehören.
2. Erstelle eine Onlinebewerbung.
3. Schreibt in der Klasse einen Lebenslauf und eine Bewerbung. Vergleicht, bewertet und korrigiert sie.

Das Vorstellungsgespräch entscheidet oft über eine erfolgreiche Bewerbung.

1. Welche Regeln solltest du einhalten? Formuliere sie nochmals schriftlich.
2. Schreibe mögliche Fragen von Seiten des Betriebes an dich auf. Formuliere dazu mögliche Antworten.
3. Notiere auch Fragen, die du an den Betrieb hast.

Wie finde ich einen Ausbildungsplatz?

1. Nenne Möglichkeiten für die Suche nach einem Ausbildungsplatz.
2. Beschreibe die Vor- und Nachteile der einzelnen Möglichkeiten.
3. Warum kann dir dein Berufsberater eine wertvolle Hilfe bei der Suche nach einem Ausbildungsplatz sein?

Deine Berufswahl ist eine wichtige Entscheidung für dein weiteres Leben.

1. Nenne Kriterien, die für eine Berufswahl wichtig sind. Unterteile sie, liste sie auf und beschreibe sie anhand von Beispielen.
2. Welche Kriterien sollten nicht im Vordergrund einer Berufswahl stehen? Erkläre dies an Beispielen.
3. Erkläre, warum du neben deinem Wunschberuf auch über einen Alternativberuf nachdenken solltest.
4. Welcher Zusammenhang besteht zwischen Berufswunsch und persönlicher Lebensplanung? Erkläre dies an einem Beispiel.

Auf einen Blick!

In diesem Kapitel hast du dich intensiv mit deiner Berufswahl und Lebensplanung auseinandergesetzt. Persönliche Eindrücke im Betriebspraktikum, in den Praxistagen und bei Betriebserkundungen haben dich bei deiner Berufswahl unterstützt und dir geholfen, dich richtig einzuschätzen. In dieser Übersicht kannst du die wichtigsten Stationen noch einmal wiederholen und in Form eines Kurzvortrages erklären.

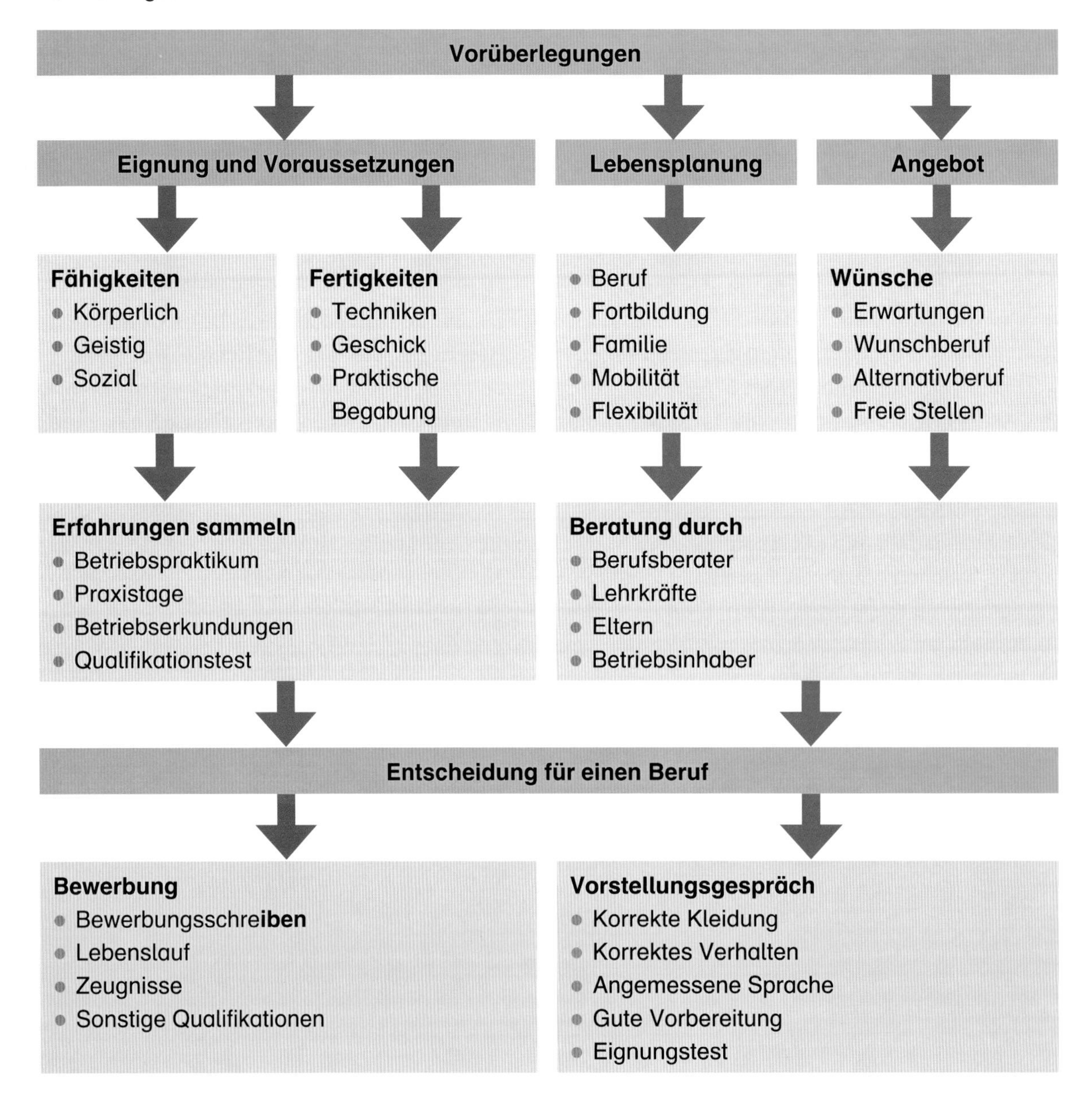

4 Arbeit und Entgelt

Löhne und Gehälter sind unterschiedlich

Um ihr Taschengeld aufzubessern, wollen Hans und Rudi Werbezeitungen austragen. Sie haben zwei Firmen zur Auswahl. Bei Firma A werden sie nach Stunden bezahlt, bei Firma B nach der Anzahl der ausgetragenen Zeitungen. Sie rechnen sich ihren Verdienst überschlägig aus und stellen fest, dass sie etwa das gleiche verdienen. Sie wählen aber Firma B, denn sie rechnen sich aus, dass sie durch zügiges Austragen Zeit sparen können und somit im Vergleich zu Firma A mehr verdienen. Ihren Verdienst bestimmen sie durch ihre Austragsleistung.

Woran orientieren sich Lohn und Gehalt?

Frau Moser: „Wir machen beide die gleiche Arbeit. Mein Kollege bekommt dafür mehr Geld, nur weil er verheiratet ist. Ich finde das ungerecht."

Mein Arbeitskollege bekommt für die gleiche Arbeit einen höheren Stundenlohn, nur weil er einige Jahre länger in der Firma ist.

Orientierung der Löhne und Gehälter

- Gleichheitsgrundsatz
- Leistung
- Arbeitsbedingungen
- Anforderungen

Merke Löhne sollen gerecht sein. Für gleiche Arbeit sollte auch der gleiche Lohn gelten. Dies gilt ebenso für die Leistung, die Arbeitsbedingungen und die Anforderungen. Zum Beispiel sollte eine höhere Leistung auch einen höheren Lohn beinhalten.

1. Diskutiert die Aussagen der Arbeitskollegen. Begründet eure Meinung.
2. Erkläre anhand von Beispielen die Gründe für die Orientierung der Löhne.

Faktoren für die Höhe des Lohns oder Gehalts

Wie Arbeit bewertet wird, welchen Lohn oder Gehalt man erhält, ist von vielen Faktoren abhängig, die je nach Betrieb unterschiedlich sein können. Auch der Arbeitsmarkt, die wirtschaftliche Lage eines Betriebes oder auch eines Landes sowie die Arbeitsmarktpolitik einer Regierung oder der Gewerkschaften beeinflussen Löhne und Gehälter. Arbeitsplätze und Menschen sind verschieden und es ist manchmal schwierig, die Arbeit und den Lohn zu bewerten, ohne dass sich der Arbeitnehmer benachteiligt fühlt.

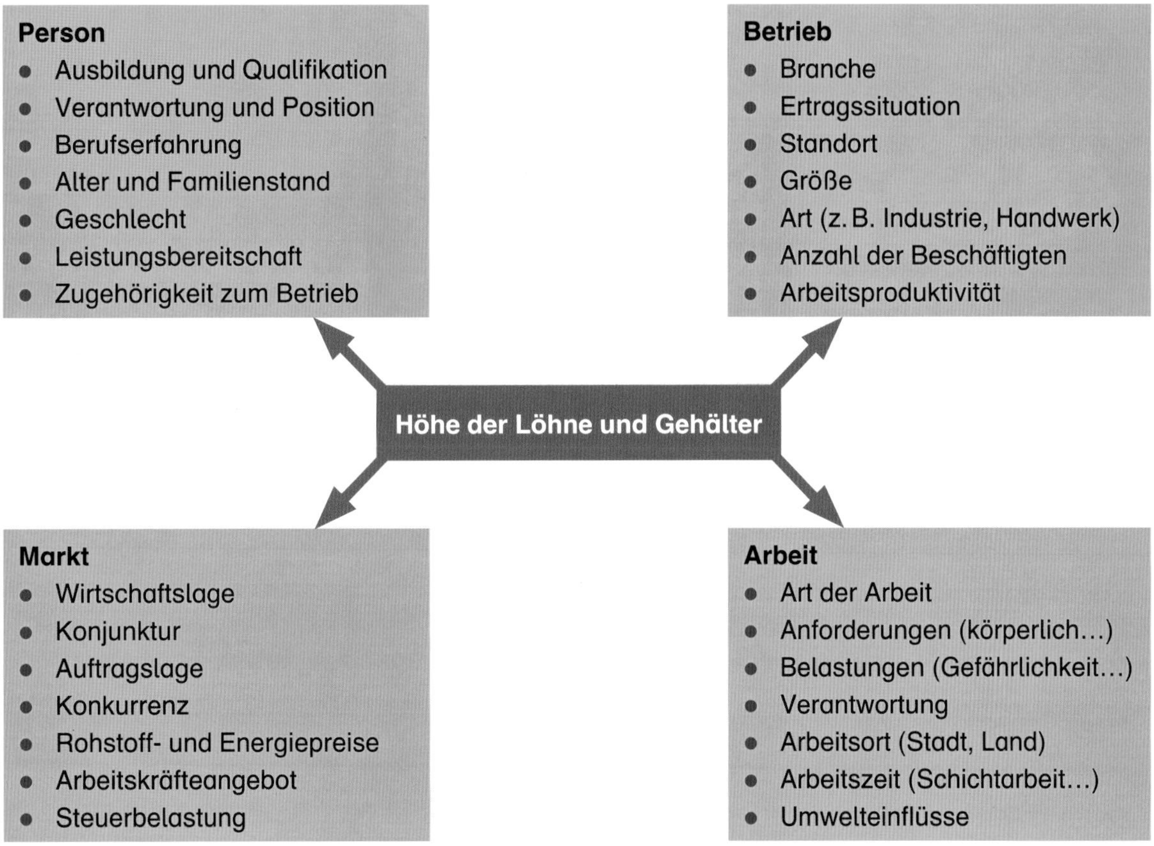

Person
- Ausbildung und Qualifikation
- Verantwortung und Position
- Berufserfahrung
- Alter und Familienstand
- Geschlecht
- Leistungsbereitschaft
- Zugehörigkeit zum Betrieb

Betrieb
- Branche
- Ertragssituation
- Standort
- Größe
- Art (z. B. Industrie, Handwerk)
- Anzahl der Beschäftigten
- Arbeitsproduktivität

Höhe der Löhne und Gehälter

Markt
- Wirtschaftslage
- Konjunktur
- Auftragslage
- Konkurrenz
- Rohstoff- und Energiepreise
- Arbeitskräfteangebot
- Steuerbelastung

Arbeit
- Art der Arbeit
- Anforderungen (körperlich…)
- Belastungen (Gefährlichkeit…)
- Verantwortung
- Arbeitsort (Stadt, Land)
- Arbeitszeit (Schichtarbeit…)
- Umwelteinflüsse

Merke Die Höhe des Lohns hängt insbesondere ab von der Person des Arbeitnehmers, vom Betrieb, von der Art der Arbeit und des Arbeitsplatzes sowie von der allgemeinen Markt- und Wirtschaftslage.

1. Erkläre die Inhalte der Faktoren anhand von Beispielen.
2. Macht eine Expertenbefragung bei einem Betriebsinhaber zum Thema Lohn.

Wie wird Arbeit bewertet?

Menschen arbeiten, um mit ihrem Lohn für sich oder ihre Familie den Lebensunterhalt und die Existenz zu sichern. Die Höhe des Gehalts oder des Lohns ist unterschiedlich und von vielen Faktoren abhängig, wie du auch bei deinem Betriebspraktikum feststellen konntest. Löhne werden nicht immer als gerecht für die geleistete Arbeit empfunden, wie die Diskussion um die Löhne von Leiharbeitern zeigt. Die Frage nach dem „gerechten Lohn“ und der Bewertung der Arbeit wird von Arbeitnehmern und Arbeitgebern unterschiedlich gesehen.

Leiharbeiter 840 € mtl.

5,4 Mio. € Jahresgehalt

2.300 € mtl.

Faktoren für die Bewertung der Arbeit

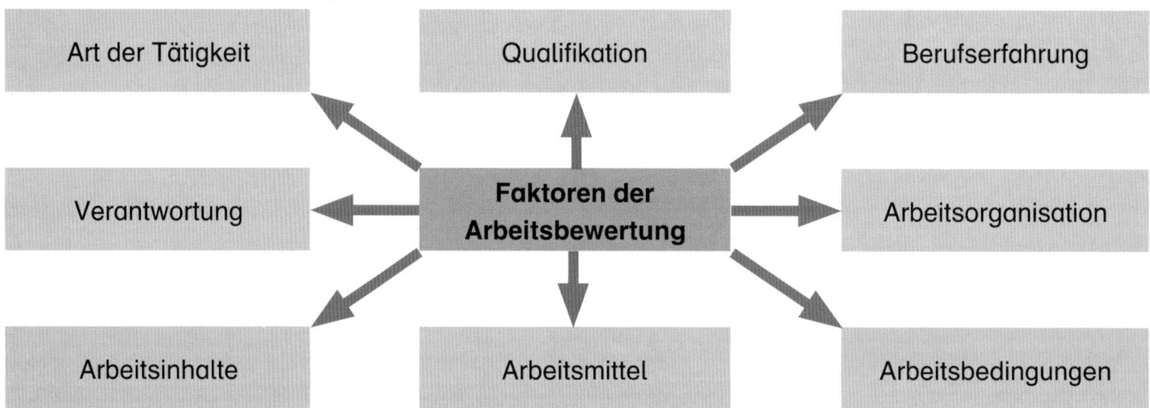

Merke Die Grundlage für eine gerechte Beurteilung der Arbeit und der Höhe des Lohns sind die Schwerpunkte der Arbeitsbewertung, welche die Arbeitgeber, Arbeitnehmervertreter und Arbeitswissenschaftler gemeinsam festgelegt haben.

1. Betrachte die Abbildungen und versuche zu erklären, warum die Gehälter und Löhne so unterschiedlich sind.
2. Erstellt eine Mind Map zu den Inhalten der einzelnen Schwerpunkte.

Methoden der Arbeitsbewertung

Ziel der Arbeitsbewertung ist die Ermittlung eines möglichst gerechten Lohnes für den jeweiligen Arbeitsplatz. Für den betreffenden Arbeitsplatz werden die objektiven Anforderungen (Merkmale) unabhängig vom Arbeitnehmer ermittelt. Das heißt, die ermittelten Merkmale beziehen sich auf den Arbeitsplatz, nicht auf die Person. Der so ermittelte Arbeitswert wird dann in einen Lohnsatz (eine Lohn- oder Entgeltgruppe) umgewandelt, in den die Person eingestuft wird. Liegen z. B. außergewöhnliche Belastungen vor, kann der Lohn aufgestockt werden. Die Arbeitsbewertung kann von Branche zu Branche unterschiedlich sein, Ziel ist immer der „gerechte Lohn" für die Arbeitnehmer.

Beispiel: Eingruppierung in der bayerischen Metall- und Elektroindustrie

In der bayerischen Metall- und Elektroindustrie gilt der Entgelttarifvertrag für Arbeiter, Angestellte und Auszubildende (ERA Entgelttarifvertrag) vom 23. Februar 2010, gültig ab dem 1. Mai 2010 bis zum 31. März 2012. Der Geltungsbereich entspricht dem Entgeltrahmentarifvertrag der IG Metall vom 01.11.2005 mit der Laufzeit bis 31.12.2014.

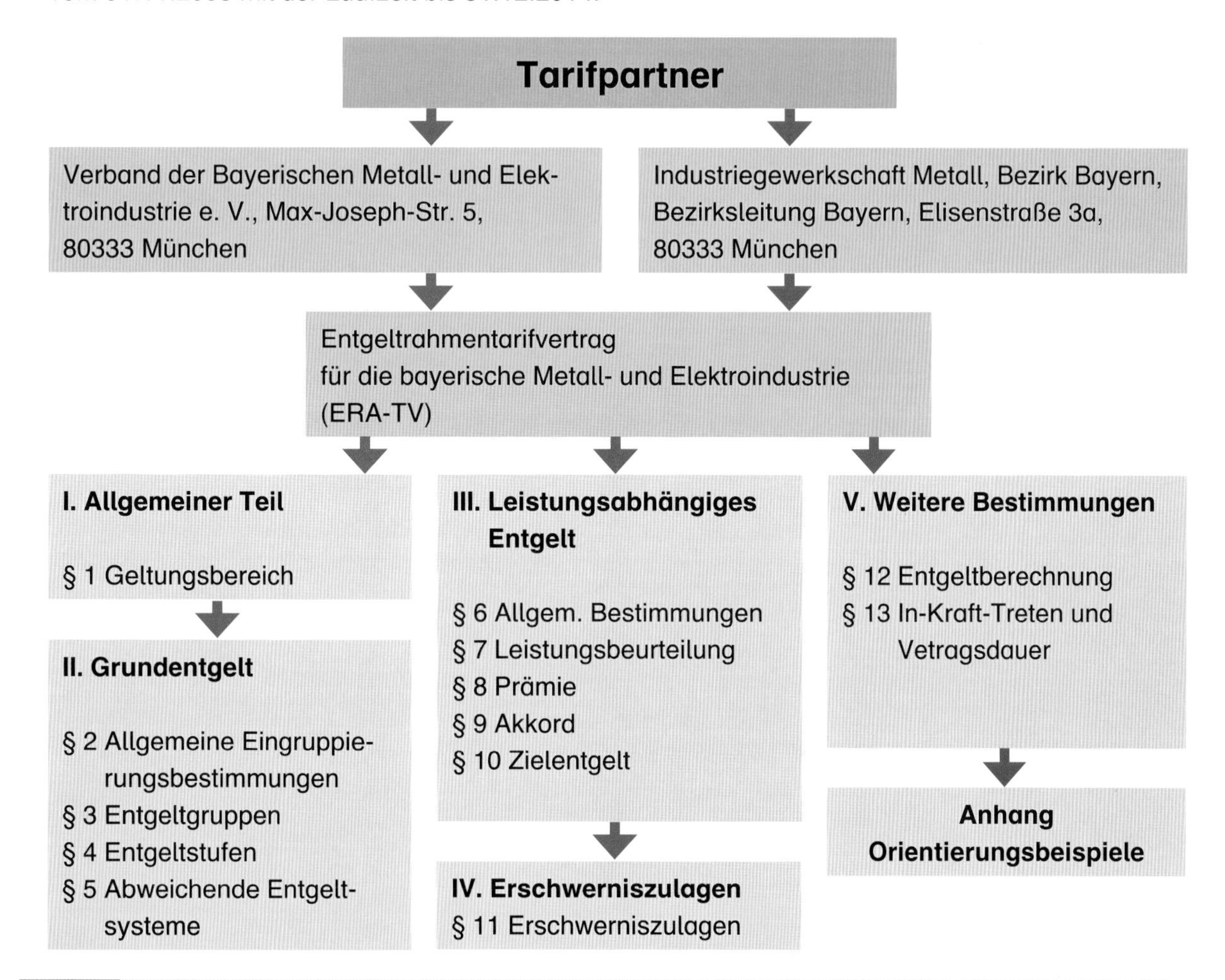

Merke Grundlage für die Eingruppierung sind die Inhalte des Entgeltrahmentarifvertrages.

Entgeltgruppe

In der Entgeltgruppe werden alle Tätigkeiten einer bestimmten Entgeltgruppe zugeordnet.

Nr.	Produktion Maschinen/Anlagen	EG
1	Beschicken von Maschine/n und/oder Anlage/n	EG 1
2	Bedienen von Maschine/n und/oder Anlage/n 1	EG 2
3	Bedienen von Maschinen und Anlagen 2	EG 3
4	Vorbereiten und Bedienen Maschine/n und/oder Anlage/n	EG 3
5	Rüsten und Bedienen von Maschinen und Anlagen	EG 4
6	Führen von Maschinen und/oder Anlage/n 1	EG 4c
7	Führen von Maschinen und Anlagen 2	EG 5
8	Einstellen von Bearbeitungsmaschinen und Anlagen	EG 6
9	Führen von CNC-Großbearbeitungszentren	EG 8
10	Programmieren, Einrichten und Bedienen von CNC-Bearbeitungsmaschinen/-zentren	EG 8

1. Beschicken von Maschine/n und/oder Anlage/n EG 1

Beschreibung der Aufgabe
„In eingerichtete/n Maschine/n und/ oder Anlage/n (z. B. Stanzen, Nieten) bereitgestellte Teile ... in einfach zu handhabende Vorrichtungen einlegen und ggf. mit einfachen Handgriffen spannen. ... Nach der Bearbeitung Teile entnehmen und ablegen. Hemmnisse durch einfache Handgriffe beseitigen ...“

Bewertungsbegründung
„Der Umgang mit Werkstücken, Halbzeugen und Betriebsmitteln sowie einfaches Prüfen erfordert Kenntnisse und Fertigkeiten, wie sie durch kurze Unterweisung erworben werden.“

Die anfallenden Aufgaben werden genau beschrieben und entsprechend bewertet wie die Beispiele zeigen. Je höher Anforderungsgrad, Schwierigkeitsgrad und erforderliche Ausbildung sind, desto höher wird die Arbeit bewertet. So setzt z. B. „8. Einstellen von Bearbeitungsmaschinen und Anlagen“ eine mindestens 3-jährige Ausbildung als Zerspanungsmechaniker voraus, um die Eingruppierung in die Entgeltgruppe 6 zu erhalten.

Entgelttabelle und Entgeltstufen

Entgelttabelle der bayerischen Metall- und Elektroindustrie, gültig ab 1. April 2011

Entgeltgruppe			
EG 1	1.925 €		
	Stufe A	Stufe B	Stufe C
EG 2	1.961 €	1.994 €	
EG 3	2.060 €	2.124 €	
EG 4	2.188 €	2.252 €	2.395 €
EG 5	2.455 €	2.516 €	
EG 6	2.607 €	2.697 €	
EG 7	2.811 €	2.925 €	
EG 8	3.050 €	3.178 €	
EG 9	3.340 €	3.504 €	
EG 10	3.693 €	3.881 €	
EG 11	4.083 €	4.285 €	
EG 12	4.477 €	4.668 €	

Die Eingruppierung erfolgt immer in Stufe A. Die Zuordnung in die Entgeltstufe B erfolgt in den EG 2 – EG 4 nach sechs Monaten der Tätigkeit in der jeweiligen Entgeltgruppe, in EG 5 – EG 8 nach 12 Monaten der Tätigkeit in der jeweiligen Entgeltgruppe, in EG 9 – EG 12 nach 18 Monaten der Tätigkeit in der jeweiligen Entgeltgruppe. Die Zuordnung in die Stufe C in EG 4 erfolgt, wenn die Anforderungen der übertragenen Arbeitsaufgaben die dort beschriebenen Kriterien erfüllen.
Zusätzlich zum Grundentgelt kann ein leistungsabhängiges Entgelt bezahlt werden, wenn eine Leistung über der Bezugsleistung (z. B. 100 %) liegt, z. B. Leistungsentgelt (Prämie oder Akkord).

Merke Die Höhe des Entgelts hängt ab von der Art der Tätigkeit, deren Bewertung, von der Leistung und auch von der Ausbildung, die für manche Tätigkeiten Voraussetzung ist.

1. In manchen Branchen wird die analytische bzw. summarische Arbeitsbewertung angewendet. Erkundige dich im Internet, bei Gewerkschaften oder Betrieben und stelle die Unterschiede übersichtlich dar.

Verschiedene Lohnformen

Lohn- bzw. Gehaltstarife sind, wie man aufgrund der Arbeitsbewertung sehen kann, kompliziert und schwierig zu ermitteln. Daneben gibt es zwei große Lohngruppen, die auch zu unterschiedlichen Einkommen führen, wie die folgenden Beispiele es zeigen.

Zeitlohn und Leistungslohn

Kevin Hausner, 25 Jahre:
„Ich bin als Fliesenleger bei einem Handwerksbetrieb beschäftigt. Ich habe mich in die Akkordgruppe gemeldet. In der richtet sich mein Lohn nach der Quadratmeterzahl der verlegten Fliesen. Je schneller ich arbeite, umso mehr verdiene ich. Die Höhe meines Lohnes hängt von meiner Akkordleistung ab."

Leistungslohn

Angelina Berschneider, 26 Jahre:
„Ich bin als Kassiererin in einem Supermarkt angestellt. Ich arbeite pro Woche 32 Stunden und erhalte monatlich einen festen Lohn von 2.048 € brutto. Mein Verdienst bleibt immer gleich. Wenn Überstunden anfallen, werden sie gesondert bezahlt."

Zeitlohn

Merke Beim Zeitlohn wird die Höhe des Einkommens von der erbrachten Arbeitszeit, beim Leistungslohn von der erbrachten Leistung bestimmt

1. Findet weitere Berufe für die Bezahlung nach diesen beiden Lohnformen.
2. Welche Lohnform passt zu den Berufen Feuerwehrmann, Maurer, Krankenpfleger, Verkäuferin, Lokführer, Postbote, Altenpfleger? Begründe deine Meinung.
3. Beschreibe die Vor- bzw. Nachteile des Leistungs- und des Zeitlohns für den Arbeitgeber.

Leistungslohn

In vielen Betrieben und Branchen bestimmt der Leistungslohn den Verdienst. Dabei unterscheidet man Akkordlohn, Auftragslohn und Prämienlohn, wobei beim Akkordlohn nochmals unterschieden wird.

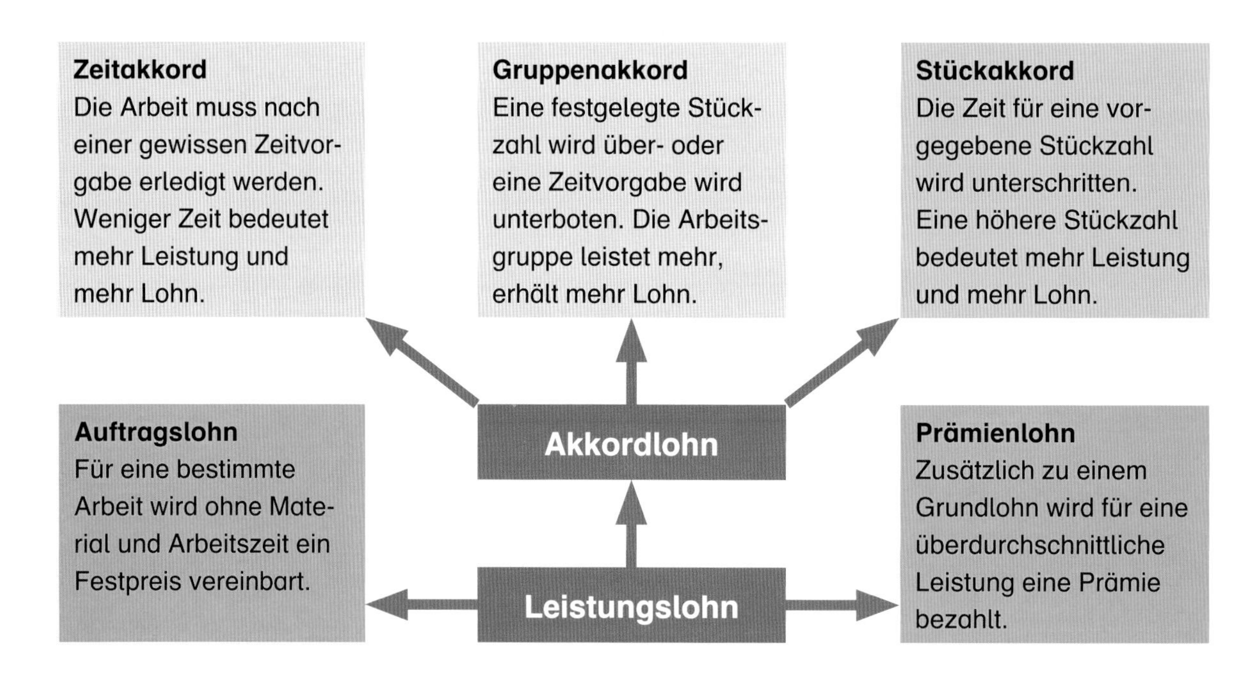

Ermittlung und Festlegung des Stückakkordlohns

Ausgangspunkt ist der Akkordrichtsatz: garantierter Mindestlohn + Akkordzuschlag pro Stunde.

Schritt 1
Bei normalem Arbeitstempo wird die benötigte Zeit für die Herstellung eines Stückes beobachtet und gestoppt.

Schritt 2
Diese Messung wird an verschiedenen Tagen, evtl. auch bei verschiedenen Personen, wiederholt.

Schritt 3
Aus den verschiedenen Messungen wird eine Stückzahl für eine Zeiteinheit festgelegt, z. B. 20 Stück pro Stunde.

Schritt 4
Der Akkordrichtsatz wird durch die Anzahl der Stücke pro Stunde geteilt und ergibt damit den Stücklohn.

Schritt 5
Der Stücklohn, mit der Stückzahl pro Stunde und den geleisteten Arbeitsstunden multipliziert, ergibt z. B. den Tages-, Wochen- oder Monatslohn.

Rechenbeispiel für den Stückakkordlohn

Werner arbeitet als Fußbodenverleger. Er wird nach der Anzahl der verlegten der Quadratmeter bezahlt. Sein Lohn wird folgendermaßen ermittelt:
Garantierter Grundlohn pro Stunde/Akkordrichtsatz: 12,00 €
Akkordleistung: 5 Stück pro Stunde
Akkordlohn: leistungsabhängig

Die Normalleistung pro Stunde beträgt 4 Quadratmeter.
Bei einer Wochenarbeitszeit von 38 Stunden ergibt sich folgender Lohn:

$$\text{Lohn pro Woche} = \frac{\text{(Akkordrichtsatz) } 12{,}00\ €}{\text{Normalleistung 4 Stück}} \times \text{(Stückzahl) } 4 \times \text{(Stunden) } 38 = 456\ €$$

Werner verdient bei Normalleistung von 4 Quadratmetern die Stunde pro Woche 456 €.

$$\text{Akkordverdienst pro Woche} = \frac{\text{(Akkordrichtsatz) } 12{,}00\ €}{\text{Normalleistung 4 Stück}} \times \text{(Stückzahl) } 5 \times \text{(Stunden) } 38 = 570\ €$$

Werner verdient bei einer Akkordleistung von 5 Quadratmetern die Stunde pro Woche 570 €.

Vergleich Zeitlohn – Leistungslohn

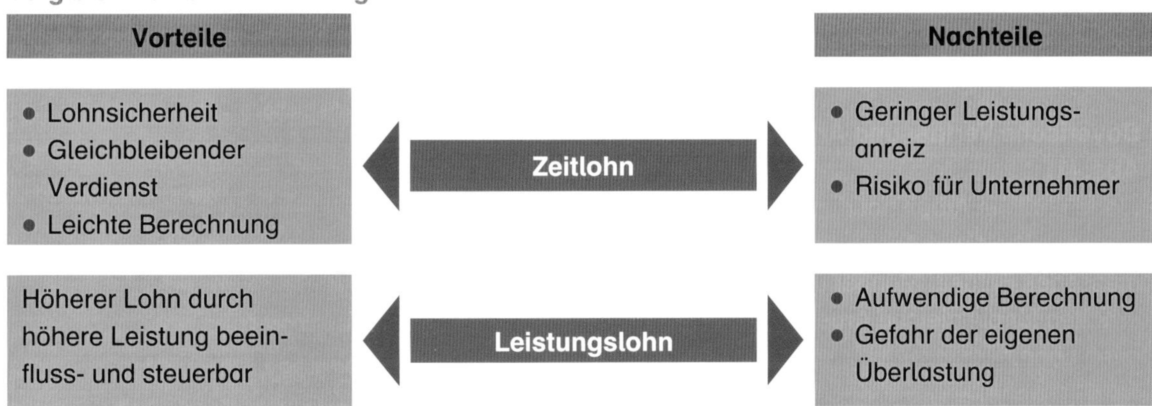

1. „Akkord ist Mord!“ Nimm zu dieser Aussage Stellung und begründe sie.
2. Erkläre die unterschiedlichen Akkordformen anhand von Beispielen.
3. Frage Eltern und Bekannte, welche Lohnformen es an ihrem Arbeitsplatz gibt.
4. Führt eine Expertenbefragung zu den Lohnformen in verschiedenen Betrieben durch. Präsentiert sie in Form einer Wandzeitung oder eines Kurzvortrags.
5. Befragt einen Experten zum Ermittlung des Zeitakkords und stellt diese Lohnform anhand eines Berechnungsbeispiels in der Klasse vor.

Lohnunterschiede zwischen Mann und Frau

Heute ist es selbstverständlich, dass die meisten Frauen einen qualifizierten Beruf erlernen. Auch in früher typischen Männerberufen, vorwiegend im gewerblichen Bereich, behaupten sich die Frauen mit großem Erfolg. Frauen in Führungspositionen und als Unternehmerinnen stehen ihren „Mann". Viele junge Frauen kehren nach der „Babypause" in den Beruf zurück. Tatsache ist jedoch, dass Frauen in verschiedenen Berufen und Bereichen im Vergleich zu ihren männlichen Kollegen schlechter bezahlt werden, wie auch die Statistik zeigt.

Was sagt die Statistik?

1. Beschreibe und interpretiere das Schaubild.
2. Gibt es Gründe für diese Lohnunterschiede? Befragt einen Personalsachbearbeiter, Betriebsrat oder Gewerkschaftsvertreter.
3. Welche Aussagen machen das Grundgesetz in Art. 3 und sowie das Gleichberechtigungsgesetz?

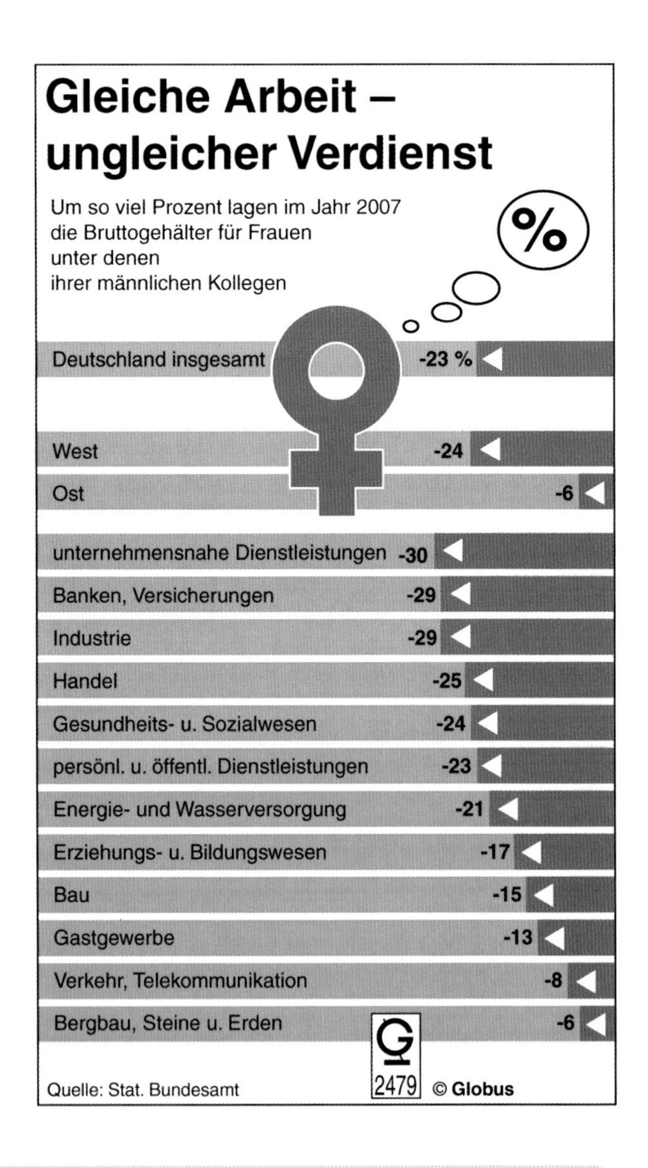

Bayerische Verfassung Art. 168, Abs. (1)
„Jede ehrliche Arbeit hat den gleichen sittlichen Wert und Anspruch auf angemessenes Entgelt. Männer und Frauen erhalten für die gleiche Arbeit den gleichen Lohn."

Was sagt das Gesetz?

Grundgesetz, Gleichberechtigungsgesetz und die Bayerische Verfassung verbieten die Schlechterstellung wegen des Geschlechtes. Frauen müssen bei gleicher Arbeit den gleichen Lohn erhalten wie ihre männlichen Arbeitskollegen.

Merke Bei gleicher Ausbildung, gleicher Arbeit, gleicher Leistung und gleichen Bedingungen muss auch die Entlohnung gleich und sozial gerecht sein. Frauen dürfen aufgrund ihres Geschlechtes nicht weniger verdienen als Männer.

Ungleichbehandlung auch in anderen Ländern üblich?

1. Beschreibe das Schaubild.
2. Was sagen die Zahlen im Vergleich der Länder aus?
3. Bewerte das Schaubild im Hinblick auf Deutschland.
4. Suche Gründe für die Lohnunterschiede in den einzelnen Ländern.
5. Befragt dazu eure Europaabgeordneten.

Mögliche Gründe für die Ungleichbehandlung

Bevorzugung der Männer durch Männer

Länderspezifisches Frauen- bzw. Männerbild

Weniger Akzeptanz von Frauen in typischen Männerberufen

Geringer Prozentsatz von Frauen in Führungspositionen

Fehlende Rechtsgrundlagen zur Durchsetzung der Gleichbehandlung

Geringeres Karrierestreben von Frauen

In der Geschichte überliefertes Frauenbild und Rollenverständnis

Im Amsterdamer Vertrag der EU vom 1.5.1999 wurde zur Verbesserung der Chancengleichheit von Mann und Frau eine eigene Rechtsgrundlage geschaffen.

1. Diskutiert die einzelnen Gründe und begründet sie anhand von Beispielen.
2. Informiert euch über die Inhalte im Amsterdamer Vertrag der EU zur Verbesserung der Chancengleichheit von Mann und Frau.
3. Führt ein Expertengespräch mit einer Gleichstellungsbeauftragten eines Betriebes.

Angela Merkel, 1. Bundeskanzlerin

Merke In Deutschland und den meisten hoch entwickelten Staaten hat sich das Selbstverständnis der Gleichberechtigung von Mann und Frau grundlegend gewandelt. Die Ungleichbehandlung durch die Lohnunterschiede ist allerdings noch vorhanden.

Löhne und ihre Abrechnung

Jeder Arbeitnehmer erhält für seine geleistete Arbeit Lohn oder Gehalt. Aus seiner schriftlichen Lohnabrechnung kann er ersehen, wie sich sein Lohn und seine Abzüge zusammensetzen. Man unterscheidet zwischen dem Bruttolohn und Nettolohn. Der tarifliche Bruttolohn ist im Arbeitsvertrag als Grundlohn bzw. Grundgehalt festgelegt.

Der Bruttolohn

Zulagen
- Urlaubsgeld
- Leistungszulage
- Weihnachtsgeld
- Gefahrenzulage
- Schmutzzulage
- Vermögenswirksame Leistungen

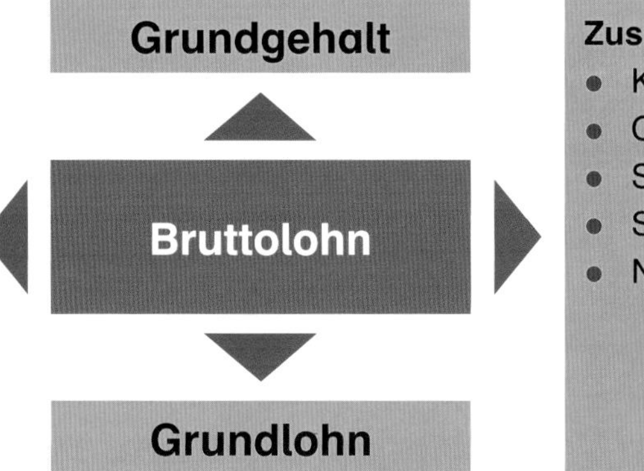

Zuschläge
- Kindergeld
- Ortszuschlag
- Schichtarbeit
- Sonntagsarbeit
- Nachtarbeit

Merke Der Bruttolohn ist: Grundlohn (Grundgehalt) + Zulagen + Zuschläge.

Der Nettolohn

Bruttolohn – **Lohnsteuer, Kirchensteuer, Solidaritätszuschlag, Sozialabgaben** = **Nettolohn**

Merke Der Nettolohn ist der Betrag, der nach Abzug aller gesetzlichen Abgaben ausbezahlt wird.

Der Nettolohn ist vom Familienstand abhängig. Die Steuern werden nach Familiengröße berechnet. Die Steuerfreibeträge steigen bei Verheirateten und bei Familien mit der Anzahl der Kinder und verringern dadurch die Steuerlast.

1. Warum zahlen Familien mit Kindern weniger Steuern? Suche Gründe dafür.
2. Erklärt die möglichen Zulagen und Zuschläge anhand von Beispielen.
3. Vergleicht in verschiedenen Lohn- und Gehaltstabellen Zulagen oder Zuschläge.
4. Was versteht man unter vermögenswirksamen Leistungen? Welche Bedingungen sind für ihren Bezug Voraussetzung? Führe dazu ein Expertengespräch.

Lohnabrechnung

Die Lohnabrechnung erhält jeder Arbeitnehmer. Sie enthält alle Angaben, die zur Berechnung des Brutto- wie Nettolohns notwendig sind.

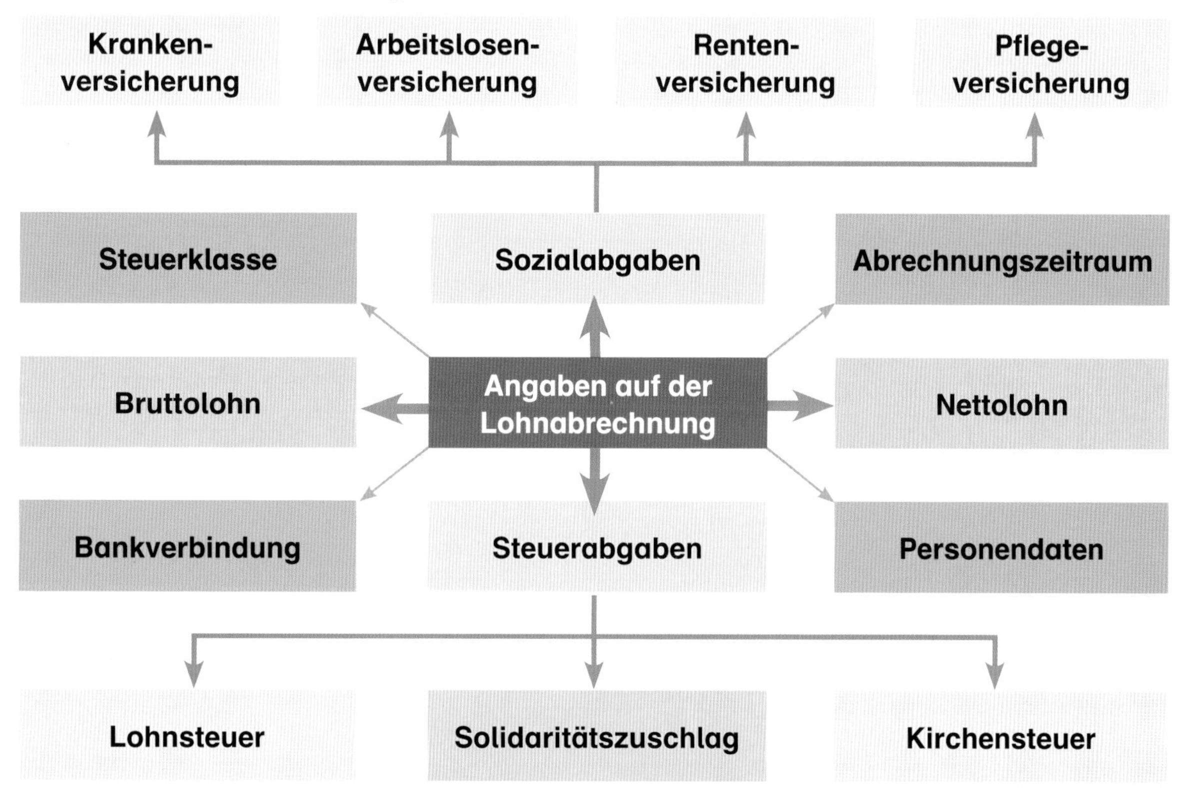

Die Höhe der **Sozialabgaben** richtet sich nach den jeweils gültigen Prozentsätzen, die von der Regierung festgelegt werden. Arbeitnehmer und Arbeitgeber zahlen je die Hälfte.
Die **Lohnsteuer** richtet sich je nach Familienstand nach der Lohnsteuerklasse, die von der Gemeinde in die Lohnsteuerkarte eingetragen worden ist. Zum Beispiel gilt für Ledige die Steuerklasse I, für Verheiratete die Klasse III, wenn beide arbeiten die Klasse IV.
Der **Solidaritätszuschlag** wurde für den Aufbau Ost nach der Wiedervereinigung eingeführt.
Die **Kirchensteuer** wird von den Mitgliedern der katholischen und evangelischen Kirche bezahlt.

Merke Die Lohnabrechnung ermöglicht dem Arbeitnehmer die Kontrolle seines Verdienstes und der Abzüge wie Steuern und Sozialabgaben für einen bestimmten Zeitraum.

1. Führt ein Expertengespräch mit einem Lohnbuchhalter zu einer Lohnabrechnung.
2. Erstellt in Gruppenarbeit eine Lohnabrechnung. Besorgt euch dazu Gehalts- und Lohnsteuertabellen sowie die nötigen Angaben zu den Sozialabgaben.
3. Beamten werden keine Sozialabgaben vom Lohn abgezogen. Befragt einen Beamten, z. B. eine Lehrkraft oder den Rektor, wie er im Krankheitsfall oder im Alter abgesichert ist.

Steuern und Sozialabgaben

Die Bundesrepublik Deutschland ist gemäß Grundgesetz ein republikanischer, sozialer und föderativer Rechtsstaat. Um seine öffentlichen Aufgaben erfüllen zu können, erhebt der Staat Steuern. Zusätzlich erhebt er Abgaben, mit denen er für seine Bürger bei Krankheit, Arbeitslosigkeit, Pflegebedürftigkeit und bei der Altersrente vorsorgt und so das „Soziale Netz" für seine Bürger finanziert und sichert.

Direkte und indirekte Steuern

Steuern sind Abgaben, die der Staat aufgrund seiner Steuerhoheit erheben kann, ohne dass Bürger und Betriebe als Steuerpflichtige eine spezielle Gegenleistung erwarten können. Über die Verwendung beschließen Bundestag, Landtag, Stadt- und Gemeindrat.

1. Beschreibe und interpretiere das Schaubild.
2. Informiert euch über die Steuerarten und erstellt eine Übersicht nach Bundes-, Länder- und Gemeindesteuern.
3. Führt ein Expertengespräch mit dem Kämmerer eurer Gemeinde. Befragt den Bürgermeister zum Steueraufkommen und dessen Verwendung.

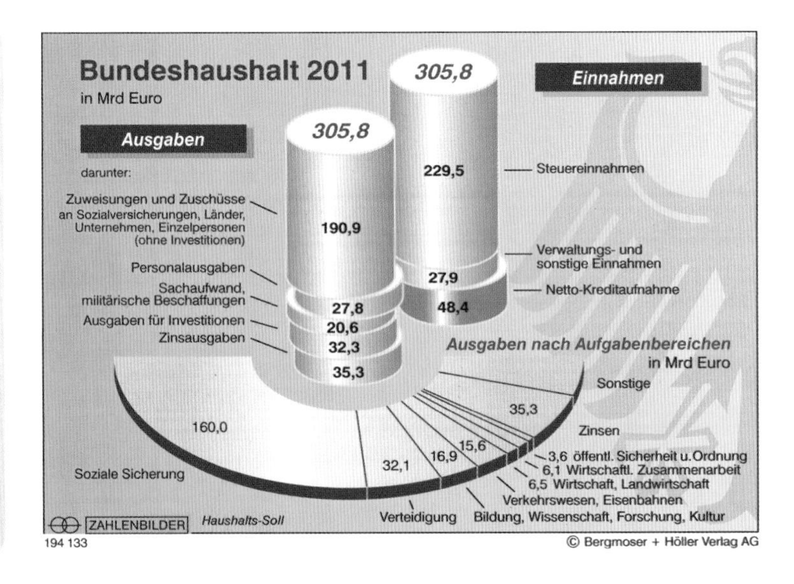

Merke Für alle Bürger gilt die sogenannte Steuerpflicht. Basis dafür sind die Steuertarife und die Steuerbemessungsgrundlagen. Direkte Steuern (z. B. die Lohnsteuer) werden vom Lohn einbehalten und direkt vom Arbeitgeber an das Finanzamt abgeführt. Indirekte Steuern werden auf Waren und Dienstleistungen aufgeschlagen und dann von den Betrieben an das Finanzamt abgeführt.

Steuern und Sozialabgaben belasten die Einkommen

Ein großer Teil der Abzüge vom Lohn entfallen auf die Beiträge zu den Sozialversicherungen. Sie umfassen die Renten-, Kranken-, Pflege- und Arbeitslosenversicherung. Ihre Beitragshöhe richtet sich nach den jeweiligen Kostenberechnungen für einen bestimmten Zeitabschnitt. Während die Lohnsteuer nach dem Familienstand, den Freibeträgen (z. B. Werbungskosten, Sonderausgaben, Kinderfreibetrag) berechnet wird, werden die Sozialabgaben direkt von der Höhe des Bruttolohns berechnet und abgezogen.

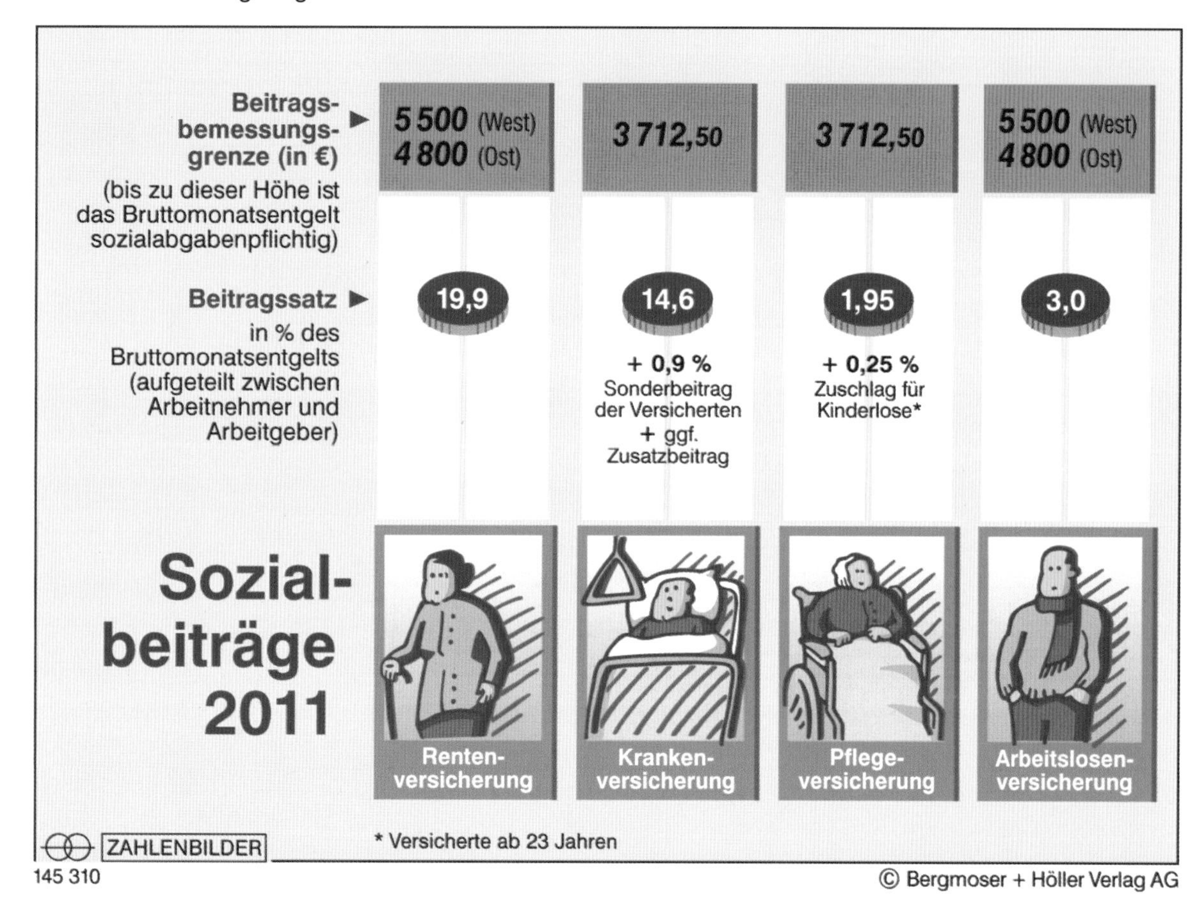

Merke Um handlungsfähig zu sein, erhebt der Staat von seinen Bürger Steuern. Dabei muss der Grundsatz der Steuergerechtigkeit gelten, d. h., dass Besserverdienende höhere Steuern zahlen als Einkommensschwächere. Zusätzlich erhebt er Sozialabgaben, damit in bestimmten Notlagen Gesundheit und Existenz der Bürger abgesichert sind.

1. Beschreibe und interpretiere das Schaubild. Recherchiere die aktuellen Beitragssätze.
2. Welche Gründe sind für den stetigen Anstieg der Sozialabgaben und Steuern verantwortlich?
3. Diskutiert die augenblickliche Wirtschaftlage im Hinblick auf Steuern und Sozialabgaben. Entwerft Lösungsansätze für Staat, Bürger und Wirtschaft.

Gehaltsabrechnung

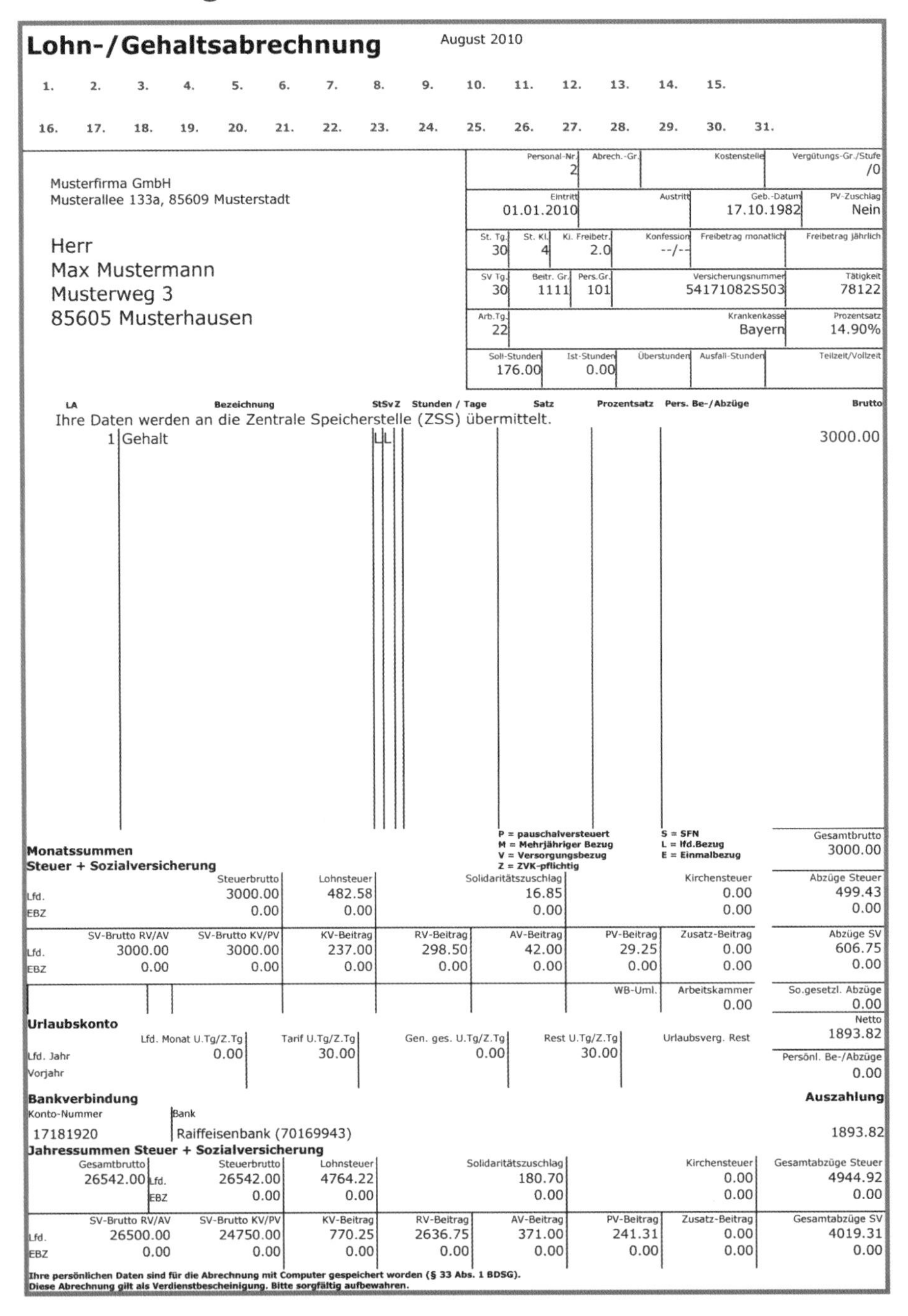

Lohn-/Gehaltsabrechnung August 2010

1. 2. 3. 4. 5. 6. 7. 8. 9. 10. 11. 12. 13. 14. 15.

16. 17. 18. 19. 20. 21. 22. 23. 24. 25. 26. 27. 28. 29. 30. 31.

Musterfirma GmbH
Musterallee 133a, 85609 Musterstadt

Herr
Max Mustermann
Musterweg 3
85605 Musterhausen

Personal-Nr.	Abrech.-Gr.	Kostenstelle	Vergütungs-Gr./Stufe
2			/0

Eintritt	Austritt	Geb.-Datum	PV-Zuschlag
01.01.2010		17.10.1982	Nein

St. Tg.	St. Kl.	Ki. Freibetr.	Konfession	Freibetrag monatlich	Freibetrag jährlich
30	4	2.0	--/--		

SV Tg.	Beitr. Gr.	Pers.Gr.	Versicherungsnummer	Tätigkeit
30	1111	101	54171082S503	78122

Arb.Tg.	Krankenkasse	Prozentsatz
22	Bayern	14.90%

Soll-Stunden	Ist-Stunden	Überstunden	Ausfall-Stunden	Teilzeit/Vollzeit
176.00	0.00			

Ihre Daten werden an die Zentrale Speicherstelle (ZSS) übermittelt.

LA	Bezeichnung	StSvZ	Stunden / Tage	Satz	Prozentsatz	Pers. Be-/Abzüge	Brutto
1	Gehalt	LL					3000.00

P = pauschalversteuert
M = Mehrjähriger Bezug
V = Versorgungsbezug
Z = ZVK-pflichtig

S = SFN
L = lfd.Bezug
E = Einmalbezug

Gesamtbrutto 3000.00

Monatssummen
Steuer + Sozialversicherung

	Steuerbrutto	Lohnsteuer	Solidaritätszuschlag	Kirchensteuer	Abzüge Steuer
Lfd.	3000.00	482.58	16.85	0.00	499.43
EBZ	0.00	0.00	0.00	0.00	0.00

	SV-Brutto RV/AV	SV-Brutto KV/PV	KV-Beitrag	RV-Beitrag	AV-Beitrag	PV-Beitrag	Zusatz-Beitrag	Abzüge SV
Lfd.	3000.00	3000.00	237.00	298.50	42.00	29.25	0.00	606.75
EBZ	0.00	0.00	0.00	0.00	0.00	0.00	0.00	0.00

WB-Uml.	Arbeitskammer	So.gesetzl. Abzüge
	0.00	0.00

Netto 1893.82

Urlaubskonto

	Lfd. Monat U.Tg/Z.Tg	Tarif U.Tg/Z.Tg	Gen. ges. U.Tg/Z.Tg	Rest U.Tg/Z.Tg	Urlaubsverg. Rest
Lfd. Jahr	0.00	30.00	0.00	30.00	
Vorjahr					

Persönl. Be-/Abzüge 0.00

Bankverbindung

Konto-Nummer	Bank
17181920	Raiffeisenbank (70169943)

Auszahlung 1893.82

Jahressummen Steuer + Sozialversicherung

Gesamtbrutto		Steuerbrutto	Lohnsteuer	Solidaritätszuschlag	Kirchensteuer	Gesamtabzüge Steuer
26542.00	Lfd.	26542.00	4764.22	180.70	0.00	4944.92
	EBZ	0.00	0.00	0.00	0.00	0.00

	SV-Brutto RV/AV	SV-Brutto KV/PV	KV-Beitrag	RV-Beitrag	AV-Beitrag	PV-Beitrag	Zusatz-Beitrag	Gesamtabzüge SV
Lfd.	26500.00	24750.00	770.25	2636.75	371.00	241.31	0.00	4019.31
EBZ	0.00	0.00	0.00	0.00	0.00	0.00	0.00	0.00

Ihre persönlichen Daten sind für die Abrechnung mit Computer gespeichert worden (§ 33 Abs. 1 BDSG).
Diese Abrechnung gilt als Verdienstbescheinigung. Bitte sorgfältig aufbewahren.

1. Bestimme Bruttolohn, Nettolohn, Sozialabgaben und Steuerabgaben.
2. Berechne den Unterschied Brutto zu Netto in Zahlen und drücke sie in Prozent aus.
3. Stelle Brutto, Netto, Steuern und Sozialabgaben als Säulendiagramm optisch dar.

Gesetzliche und freiwillige Lohnnebenkosten

Lohnnebenkosten sind nicht nur seit der Wirtschaftskrise im Jahr 2009 im Gespräch, sondern schon immer ein Streitpunkt, wenn es um den Erhalt von Arbeitsplätzen und die Wettbewerbsfähigkeit geht. Es sind die Kosten, die ein Betrieb zusätzlich aufgrund von gesetzlichen, freiwilligen, tariflichen oder betrieblichen Vereinbarungen zum „normalen“ Lohn oder Gehalt erbringen muss. Sie verteuern die Waren- bzw. Dienstleistungen, weil sich dadurch die Arbeitskosten erhöhen.

Freiwillige
- Urlaubsgeld
- Weihnachtsgeld
- Prämien
- Betriebliche Altersversorgung
- Gratifikationen
- Bildungsurlaub

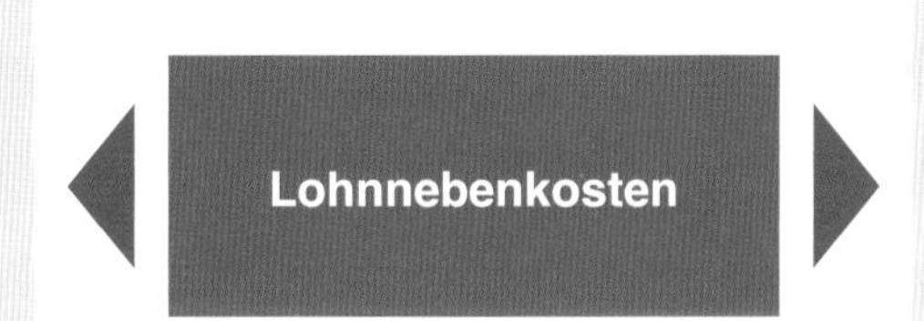

Gesetzliche
- Arbeitgeberanteile zu den Sozialversicherungen
- Unfallversicherung
- Lohnfortzahlung
- Bezahlter Urlaub
- Bezahlte Feiertage
- Vermögensbildung

Weil die Lohnnebenkosten durch die gesetzlichen und „freiwilligen“ Leistungen in den vergangenen Jahren stärker angestiegen sind als die eigentlichen Löhne und Gehälter, sind die Arbeitskosten im Vergleich zu anderen Ländern höher. Die Betriebe und Unternehmen versuchen, durch Rationalisierungsmaßnahmen diese Kosten aufzufangen. Das kostet in den meisten Fällen Arbeitsplätze und verschärft die Situation der Arbeitnehmer auf dem Arbeitsmarkt

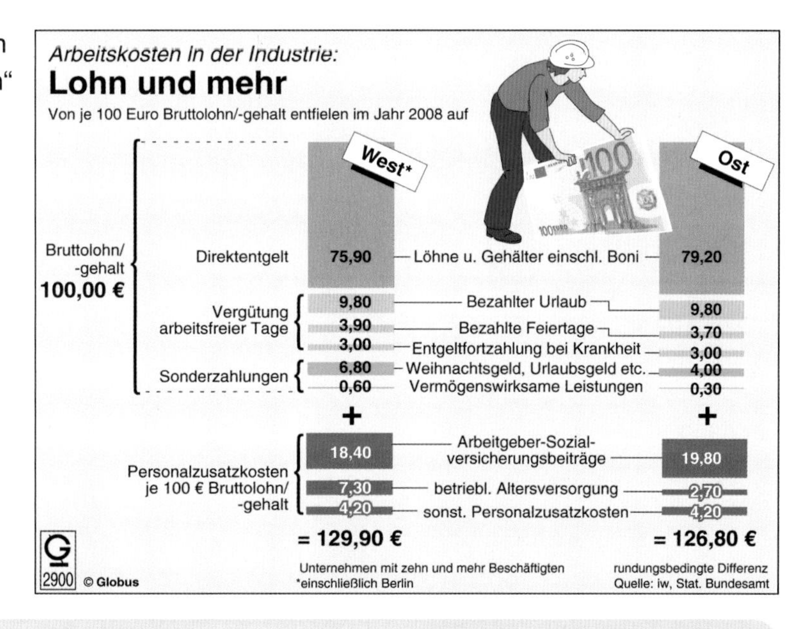

1. Beschreibe und interpretiere das Schaubild.
2. Die Lohnfortzahlung ist die gesetzliche Verpflichtung des Arbeitgebers, in bestimmten Fällen dem Arbeitnehmer seinen Lohn (Entgelt) „fortzuzahlen“. Zeige diese Verpflichtung an einigen Beispielen auf.
3. Führt ein Expertengespräch mit verschiedenen Betriebsinhabern zu den Lohnnebenkosten. Erstellt mit dem Betriebsinhaber die betrieblichen monatlichen Lohnkosten für einen Arbeitnehmer und vergleicht sie mit dem monatlichen Nettolohn.

Flexible Formen der Lohngestaltung

Die wirtschaftliche, gesellschaftliche und technische Arbeitswelt ist einem ständigen Wandel unterworfen. In Zeiten der Globalisierung sind im Bereich der Arbeitswelt neue Arbeitsformen erforderlich. Sie bedingen ein Umdenken bei Arbeitgebern und Arbeitnehmern. Neue Arbeitsformen wie Leiharbeit und Minijobs bestimmen die Lebensformen und Lebensumstände dieser Menschen. Wirtschaftlicher Abschwung, Kurzarbeit und Arbeitslosigkeit verlangen neue und flexible Lösungen bei der Einkommens- und Lohngestaltung. Viele Menschen haben bereits jetzt zwei Jobs, um „über die Runden zu kommen". Auch der Staat hat neue Möglichkeiten von Beschäftigungsformen und Anreize geschaffen, um dadurch mehr Menschen aus der Arbeitslosigkeit in ein Beschäftigungsverhältnis zu bringen.

Telearbeit
Frau Hensel hat ihren Arbeitsplatz zu Hause. Am Computer erledigt sie die Arbeiten für ihre Firma. Bezahlt wird sie je nach Arbeitsaufwand. Haushalt und Kinder kommen nicht zu kurz.

Geringfügige Beschäftigung
Frau Grumme hat einen Minijob als Verkäuferin vormittags in einem Bekleidungshaus. Sie verdient 400 € monatlich. Abzüge hat sie keine, ihr Arbeitgeber zahlt einen Pauschbetrag an die Sozialversicherung.

Leiharbeit
Herr Adam ist in einem Leiharbeitsverhältnis. Er wird von seinem „Verleiher" an eine andere Firma zu einer Arbeitsleistung ausgeliehen.

Teilzeitarbeit

Befristete Beschäftigung
Frau Salim ist als Mutterschaftsvertretung für eine bestimmte Zeit von einer Firma eingestellt worden.

Zeitarbeit

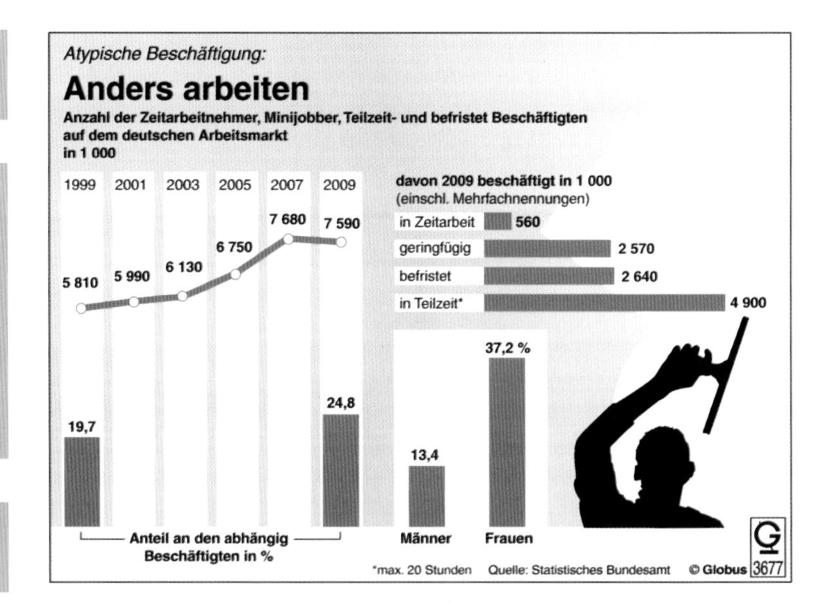

1. Beschreibe und interpretiere das Schaubild. Warum ist die Anzahl der Minijobber, Teilzeit- und befristet Beschäftigten in den letzten Jahren angestiegen, besonders bei den Frauen? Recherchiert Gründe, befragt Betroffene.
2. Welche Vor- bzw. Nachteile bringen die einzelnen Möglichkeiten für den Arbeitnehmer bzw. den Arbeitgeber? Führt dazu ein Expertengespräch.

Überprüfe dein Wissen!

Höhe der Löhne und Gehälter

1. An welchen Kriterien orientieren sich Löhne und Gehälter?
2. Die Höhe orientiert sich an der Person, am Betrieb, am Markt und an der Arbeit. Erkläre dies an deren Inhalten.

Arbeit wird bewertet

1. Zähle die Schwerpunkte der Arbeitsbewertung auf.
2. Was sind die Ziele der Arbeitsbewertung?
3. Welche Faktoren werden für die Bewertung eines Arbeitsplatzes herangezogen?
4. Was versteht man unter Entgeltgruppen und Entgeltstufen? Erkläre dies an einem Beispiel aus der Bayerischen Metallindustrie.

Lohnformen

1. Lohn wird in Leistungs- und Zeitlohn unterteilt. Erkläre dies an einem Beispiel.
2. In welche Lohnformen kann man den Leistungslohn noch unterteilen?
3. Erkläre, wie der Stückakkordlohn ermittelt wird.
4. Erkläre die Vor- und Nachteile von Leistungs- und Zeitlohn.

Lohnunterschiede Mann und Frau

1. Welche Gesetzesgrundlagen sprechen gegen eine unterschiedliche Bezahlung von Mann und Frau?
2. Nenne mögliche Gründe für diese Ungleichbehandlung.
3. Ergänze den Merksatz: „Bei gleicher Ausbildung, gleicher Arbeit ..?.. verdienen als Männer."

Löhne und ihre Abrechnung

1. Welche Kriterien bestimmen den Bruttolohn?
2. Wie wird der Nettolohn gebildet?
3. Welche Angaben enthält eine Lohnabrechnung? Erkläre dies mit eigenen Worten anhand eines Beispiels.
4. Nach welchen Kriterien richtet sich die Höhe der Lohnsteuer, der Kirchensteuer, des Solidaritätszuschlags und der Sozialabgaben?
5. Ergänze den Merksatz: „Die Lohnabrechnung ermöglicht ..?.. Zeitraum." (s. Seite 111)

Steuern und Sozialabgaben

1. Warum erhebt der Staat Sozialabgaben und Steuern?
2. Es gibt indirekte und direkte Steuern. Erkläre die Unterschiede anhand von Beispielen.
3. Steuern sind für Lohn- und Gehaltsempfänger unterschiedlich hoch. Erkläre dies anhand der Steuerklassen.
4. Zähle die gesetzlichen Sozialabgaben auf. Erkläre ihre Bedeutung.

Lohngestaltung und Lohnnebenkosten

1. Es gibt gesetzliche und freiwillige Lohnnebenkosten. Erkläre den Unterschied anhand von Beispielen.
2. Wie wirken sich die Lohnnebenkosten auf die Arbeitskosten aus?
3. Welche Gefahr besteht bei zu hohen Lohnnebenkosten?
4. Welche Formen der flexiblen Lohngestaltung gibt es? Erkläre sie anhand von Beispielen.
5. Welche Gründe sprechen für flexible Formen der Lohngestaltung bei Arbeitnehmern und Arbeitgebern?

Auf einen Blick!

In diesem Abschnitt hast du erfahren, wie sich Löhne und Gehälter zusammensetzen, wie sie berechnet werden und was man von seinem Verdienst nach Abzug von Steuern und Sozialabgaben ausbezahlt bekommt.

1. Erkläre die Zusammenhänge in Form eines Kurzvortrages. Verdeutliche sie dabei mit Beispielen.

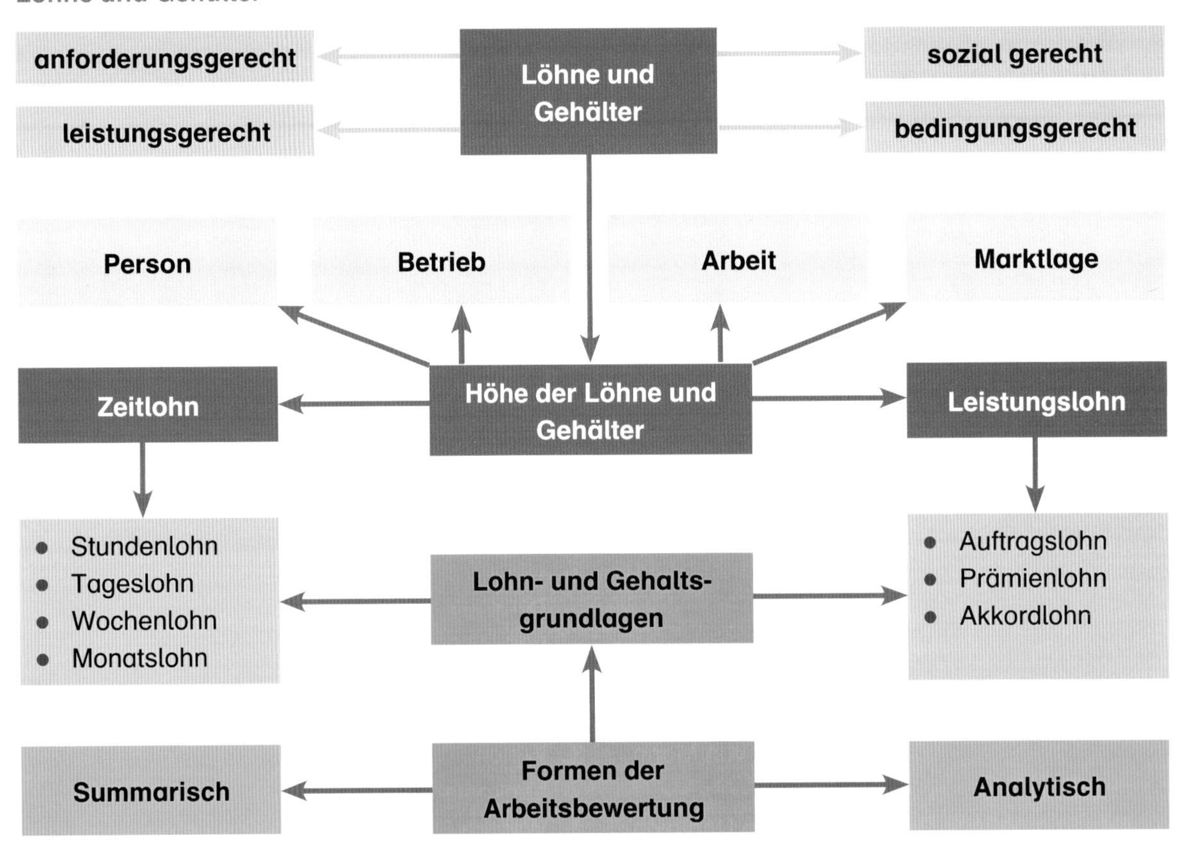

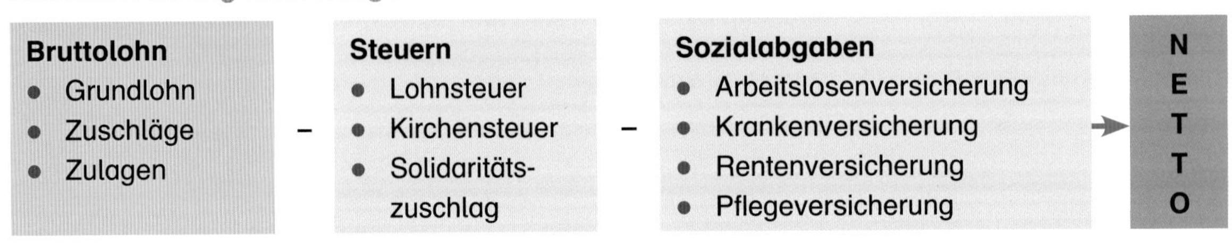

M inhaltliche Zusammenhänge erklären

Arbeitnehmer und Arbeitgeber

Die Forderung nach gerechter Bezahlung existiert, seit es Arbeitgeber und Arbeitnehmer gibt. Der Kampf um gerechte Löhne, Arbeitsbedingungen und Arbeitszeiten begann in der Zeit der Industrialisierung. Weil sie mit ihrem Lohn ihre Familien kaum ernähren konnten, schlossen sich Arbeitnehmer zu Gewerkschaften zusammen, die als Arbeitnehmervertretung die Interessen der Arbeiter gegenüber den Arbeitgebern vertreten und „erkämpfen" sollten. Wurden früher die Löhne einzeln zwischen Arbeitgeber und Arbeitnehmer ausgehandelt, gelten heute für die meisten Arbeitgeber und Arbeitnehmer Tarifverträge, die die jeweiligen Interessenvertreter aushandeln.

Unterschiedliche Ziele und Ansprüche

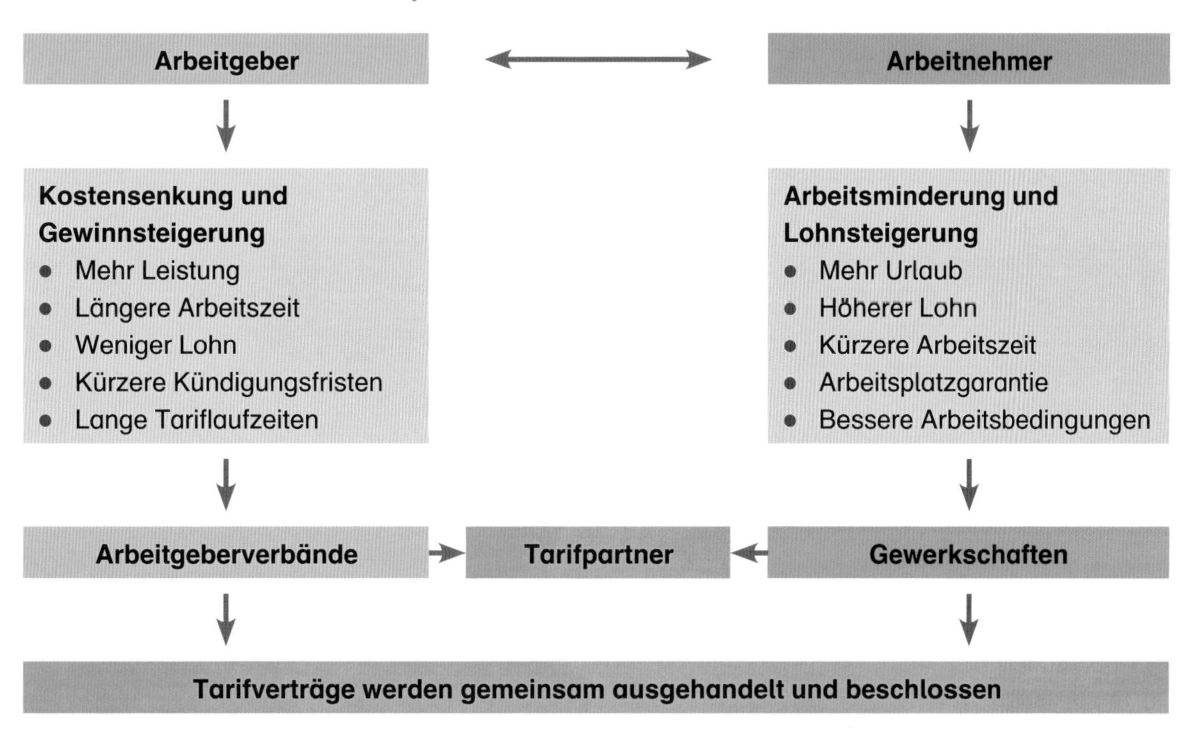

Merke Arbeitnehmer und Arbeitgeber haben unterschiedliche Ziele. Sie sind sich in Gewerkschaften und Arbeitgeberverbänden organisiert, um ihre Forderungen leichter durchsetzen zu können.

1. Listet weitere Interessen von Gewerkschaften und Arbeitgebern auf.
2. Welchen Sinn drückt der Begriff „Tarifpartner" aus? Erkläre die Bedeutung.
3. „Jeder Arbeitnehmer im Betrieb soll seinen Lohn selbst aushandeln." – „Der Staat sollte Einheits- und Mindestlöhne festlegen." – „Gewerkschaften sind unentbehrlich."
   Nimm Stellung zu diesen Aussagen und erkläre sie an einem Beispiel.

Arbeitnehmer- und Arbeitgeberverbände in Deutschland

Am Anfang waren es die Arbeitnehmer, die sich zu Gewerkschaften zusammenschlossen, um mit Arbeitsniederlegungen und Demonstrationen ihre Forderungen zu vertreten. Unter diesem Druck schlossen sich auch die Arbeitgeber zu Anti-Streik-Vereinen zusammen, aus denen ab 1890 die Arbeitgeberverbände entstanden. Sie sind regional und nach den verschiedenen Beschäftigungsbranchen organisiert. Die Gewerkschaften und auch die Arbeitgeberverbände bildeten aus vielen Einzelverbänden Dachverbände, um ihre Ziele gemeinsam durchsetzen zu können.

 240 110

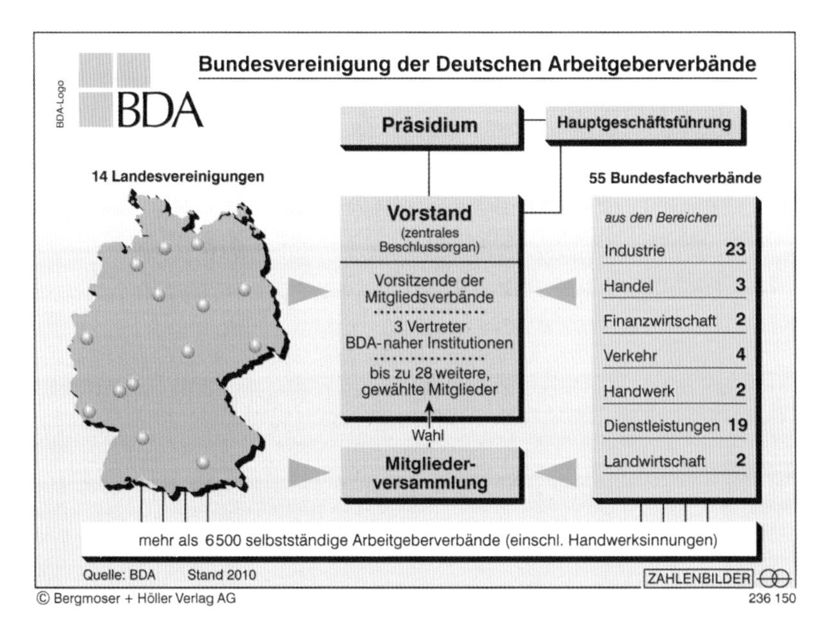

 236 150

1. Der 1. Mai ist der Tag der Arbeit. Recherchiert, seit wann und warum es diesen Feiertag gibt.
2. Stellt die geschichtliche Entwicklung der Gewerkschaften und Arbeitgeberverbände in Form einer Wandzeitung dar.

Merke Arbeitgeberverbände und Gewerkschaften sind freiwillige Zusammenschlüsse von Arbeitgebern bzw. Arbeitnehmern zur Wahrung und Durchsetzung ihrer Ziele. Durch Gesetze vonseiten des Staates und durch Zusammenarbeit und Verhandlungen zwischen den Verbänden wurden die Lohn-, Arbeits- und Lebensbedingungen der Arbeitnehmer im Laufe der Zeit verbessert.

Aufgaben und Verantwortung der Tarifpartner

Arbeitgeberverbände und Gewerkschaften sind Tarif- oder Sozialpartner mit verschiedenen Interessen und Aufgaben. Aufgrund ihrer gemeinsamen Verantwortung für die Arbeitnehmer und deren Arbeitsbedingungen werden sie auch als Sozialpartner bezeichnet. Hauptaufgabe ist das Aushandeln und Abschließen von Tarifverträgen.

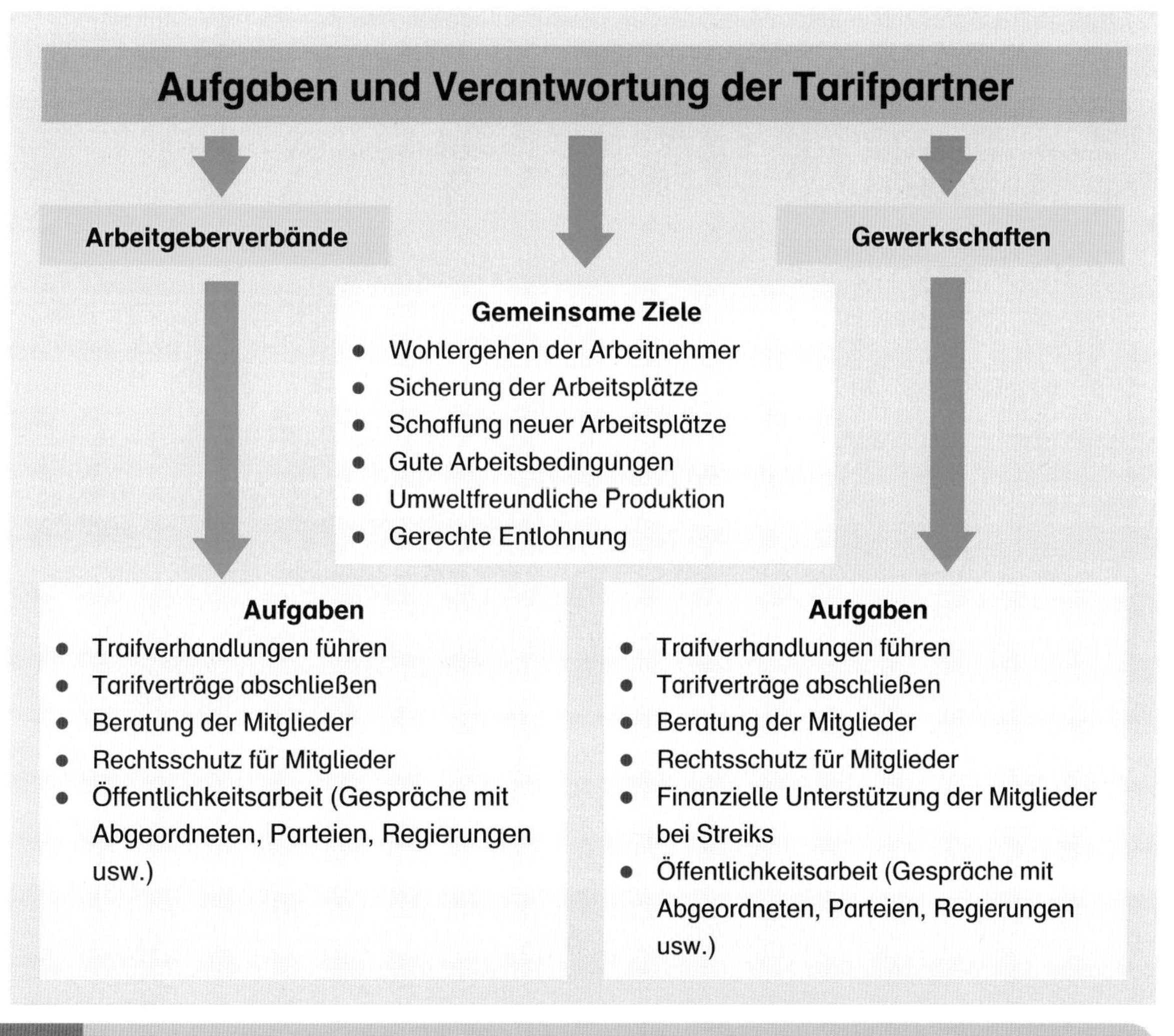

Merke Arbeitgeberverbände und Gewerkschaften sind Tarif- oder Sozialpartner. Hauptaufgabe ist das Abschließen von Tarifverträgen. Ziel der gemeinsamen Verantwortung ist die Existenzsicherung der Beschäftigten und des Betriebes.

1. Erklärt anhand der Übersicht die einzelnen Aufgaben der Tarifpartner.
2. Warum ist die gemeinsame Verantwortung so wichtig? Versuche eine Erklärung anhand von Beispielen.
3. Erstellt zu den derzeitigen Zielen, Aktivitäten und Inhalten der Arbeitnehmer- und Arbeitgeberverbände eine Wandzeitung.

Tarifvertrag und Tarifverhandlungen

Die Tarifpartner sind autonom

Das Recht zum Abschluss von Tarifverträgen steht alleinig den Tarifpartnern zu. Dieses Recht ist im Grundgesetzes (GG) und dem Tarifvertragsgesetz (TVG) festgelegt. Es garantiert die Tarifautonomie und verbietet eine Einmischung des Staates. Im TVG sind Rechte und Pflichten der Tarifpartner festgelegt. Sie sind bindend und regeln den gesetzmäßigen Ablauf der Tarifverhandlungen.

Gesetzliche Grundlagen

Grundgesetz Artikel 9 (Vereinigungsfreiheit)

(1) Alle Deutschen haben das Recht, Vereine und Gesellschaften zu bilden.

....

(3) Das Recht, zur Wahrung und Förderung der Arbeits- und Wirtschaftsbedingungen Vereinigungen zu bilden, ist für jedermann und für alle Berufe gewährleistet. Abreden, die dieses Recht einschränken oder zu behindern suchen, sind nichtig, hierauf gerichtete Maßnahmen sind rechtswidrig. Maßnahmen nach den Artikeln 12a, 35 Abs. 2 und 3, Art. 87a Abs. 4 und Art. 91 dürfen sich nicht gegen Arbeitskämpfe richten, die zur Wahrung und Förderung der Arbeits- und Wirtschaftsbedingungen von Vereinigungen im Sinne des Satzes 1 geführt werden.

Tarifvertragsgesetz (Auszug)

§ 1 Inhalt und Form des Tarifvertrags

(1) Der Tarifvertrag regelt die Rechte und Pflichten der Tarifvertragsparteien und enthält Rechtsnormen, die den Inhalt, den Abschluss und die Beendigung von Arbeitsverhältnissen sowie betriebliche und betriebsverfassungsrechtliche Fragen ordnen können.

....

§ 2 Tarifvertragsparteien

(1) Tarifvertragsparteien sind Gewerkschaften, einzelne Arbeitgeberverbände sowie Vereinigungen von Arbeitgebern.

....

§ 3 Tarifgebundenheit

(1) Tarifgebunden sind die Mitglieder der Tarifvertragsparteien und der Arbeitgeber, der selbst Partei des Tarifvertrages ist.

.....

(3) Die Tarifgebundenheit bleibt bestehen, bis der Tarifvertrag endet.

Gültigkeitsbereich

Jede Branche schließt für ihre Mitglieder eigene Tarifverträge ab. Sie können gelten für einzelne Betriebe, bestimmte Region, ein Bundesland oder für die gesamte Branche in Deutschland. Sie gelten nur für die Mitglieder der jeweiligen Gewerkschaft. Außerdem muss ihr Betrieb Mitglied des jeweiligen Arbeitgeberverbandes sein. Die Arbeitgeber können frei entscheiden, ob sie die ausgehandelten Löhne auch den Arbeitnehmern zahlen, die keine Gewerkschaftsmitglieder sind.

Merke Tarifverträge handeln die Tarifpartner in alleiniger Verantwortung aus. Grundlage ist das Tarifvertragsgesetz. Der Staat garantiert die Tarifautonomie im Grundgesetz und darf sich nicht in die Verhandlungen einmischen oder sie beeinflussen.

1. „Die Tarifverhandlungen müssten vom Staat geführt werden. Dann gäbe es weder Streik noch Aussperrung.“ Nimm Stellung zu dieser Aussage.

Inhalte der Tarifverträge

Grundsätzlich geht es bei den Inhalten der Tarifverträge um die Rechte und Pflichten der Tarifpartner und um betriebsverfassungsrechtliche Fragen. Es sind Mindestnormen, die eingehalten werden müssen. Der vereinbarte Lohn darf überschritten aber nicht unterschritten werden.

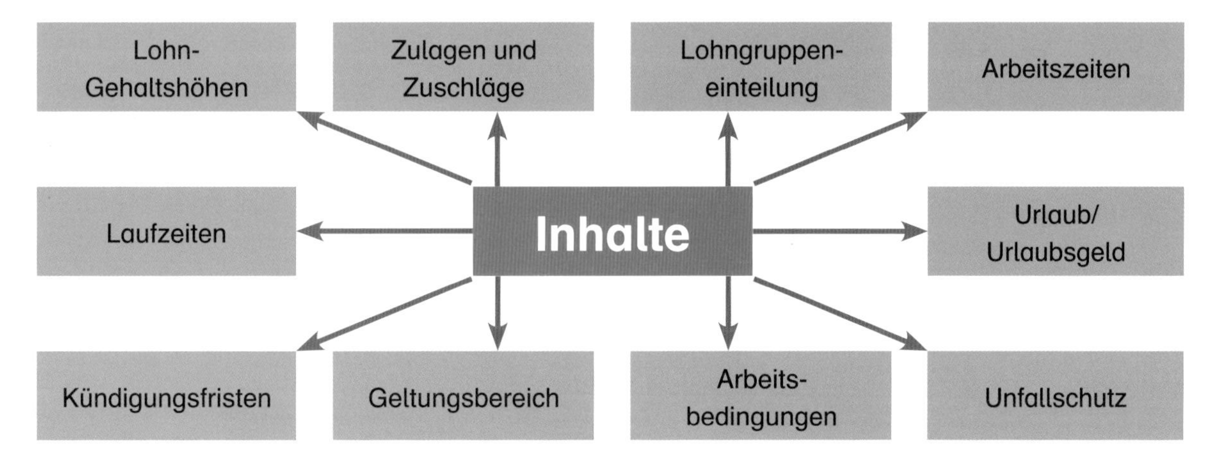

Unterschiede der Tarifverträge: Geltungsbereich, Inhalt, Laufzeit

Verbandstarifvertrag
Er gilt nur für die ihn abschließenden Tarifpartner.

Flächentarifvertrag
Er gilt für ein bestimmtes Gebiet z. B. Bundesland.

Haustarifvertrag
Er gilt nur für einen einzelnen Betrieb.

Manteltarifvertrag
- Laufzeit
- Arbeitszeit
- Urlaub
- Kündigung

Laufzeit:
Mehrere Jahre

Rahmentarifvertrag
- Lohngruppen
- Gehaltsgruppen
- Arbeitsformen
- Entlohnungsarten

Laufzeit:
Mehrere Jahre

Lohntarifvertrag
- Löhne
- Gehälter
- Zulagen
- Zuschläge

Laufzeit:
Ein bis zwei Jahre

Merke Tarifverträge unterscheiden sich nach Geltungsbereich, Inhalt und Laufzeit. Bei wirtschaftlichen Schwierigkeiten kann bei entsprechender Öffnungsklausel ein Abweichen durch Betriebsvereinbarungen zugelassen werden.

1. Führt mit einem Gewerkschaftsvertreter ein Expertengespräch zu Mantel- und Rahmentarifverträgen. Vergleicht sie und stellt die Ergebnisse optisch dar.
2. Besorgt euch einen Haustarifvertrag und analysiert ihn nach seinen Inhalten.

So entsteht ein Tarifvertrag

In der Regel werden Tarifverträge immer zum Ablauf der Laufzeit gekündigt. Eine vorzeitige Kündigung kann z. B. bei folgenden Gründen notwendig werden: schlechte Auftragslage und Absatzschwierigkeiten, Preisdruck der Konkurrenz, steigende Rohstoffpreise, steigende Steuerlasten, Forderung der Mitglieder, schlechte Rentabilität des Betriebes oder der Branche usw.
Drei Möglichkeiten führen zum neuen Tarifvertrag

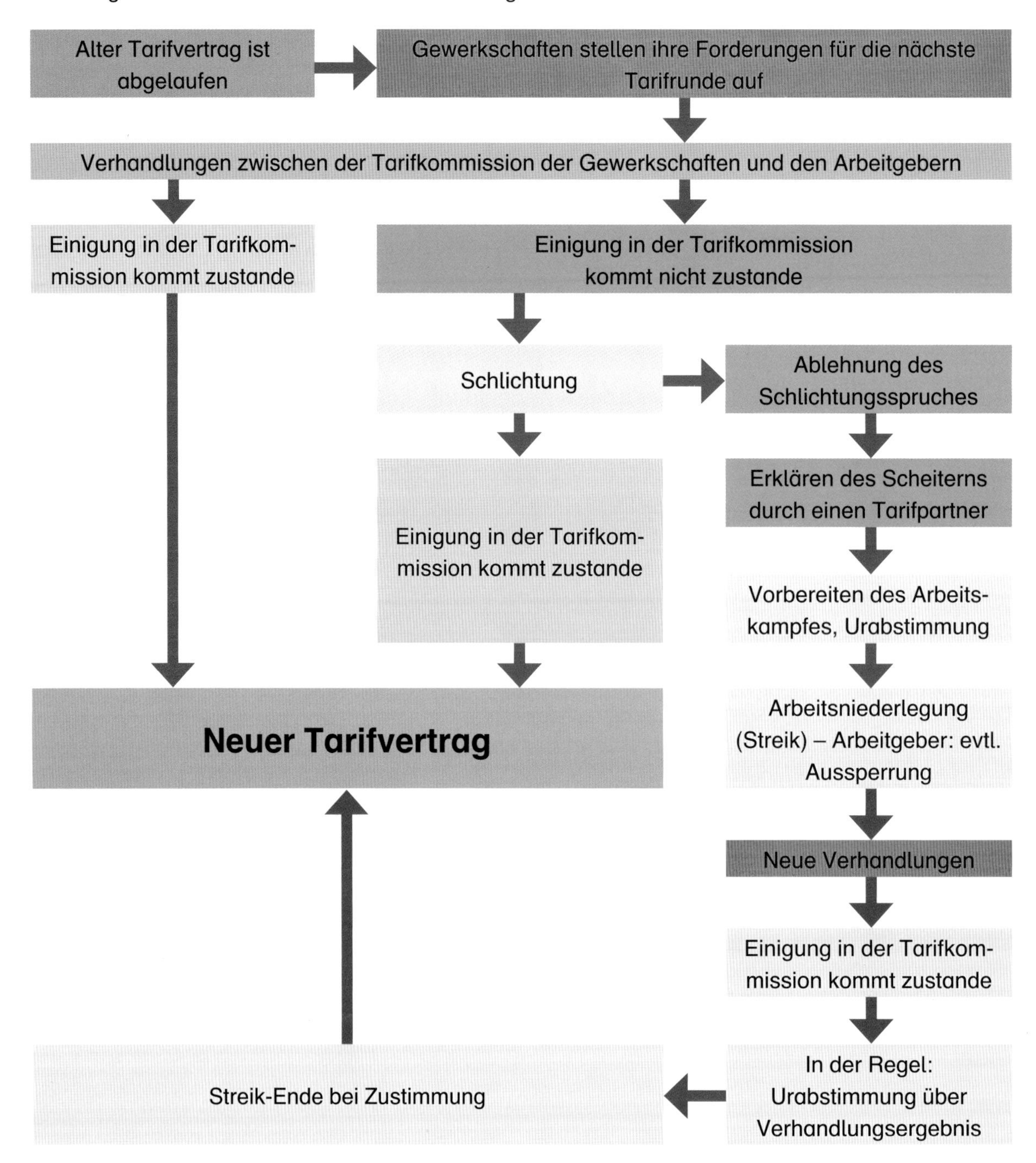

Arbeitskampf und Schlichtung

Arbeitskämpfe mit Streik und Aussperrung sind für beide Tarifpartner teuer, abgesehen vom allgemeinwirtschaftlichen Schaden.

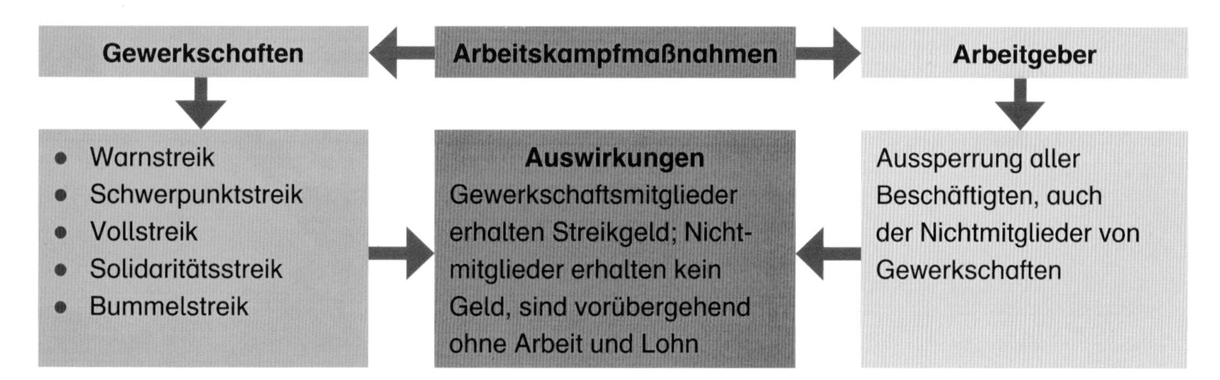

An die Stelle des klassischen Streiks treten flexiblere Formen wie Warn- und Schwerpunktstreiks, besonders der flexible oder Wechselstreik, weil er Aussperrungen, Verlagerung der Produktion oder Ersatzproduktionen für die Arbeitgeberseite erschwert.

Wechselstreik
Wechsel der
- Streikorte
- Streiktage
- bestreikten Betriebe
- Streikzeiten

- Großer ökonomischer Druck auf die Arbeitgeber durch gezielte Überraschungsstreiks
- Großer öffentlicher Druck durch Endverbraucher auf Arbeitgeber
- Verhinderung von Aussperrungen

Merke Streik und Aussperrung sind legale Arbeitskampfmaßnahmen. Kompromisse sind von beiden Tarifpartnern nötig, damit der soziale Friede erhalten und gesichert wird.

1. Auf dem Foto ist von „kalter Aussperrung“ die Rede. Recherchiere und erkläre den Begriff im Vergleich zur „heißen Aussperrung“.
2. Dokumentiert aktuelle Tarifverhandlungen. Gestaltet eine Wandzeitung.
3. Welche Folgen hat ein Wechselstreik im Öffentlichen Nahverkehr?

Aufgaben des Schlichters

Bevor es zum Streik oder zur Aussperrung kommt, die für beide Tarifparteien finanziell teuer werden kann, bedient man sich eines Schlichters. Dieser ist meist eine anerkannte neutrale Person aus dem öffentlichen Leben. Es können aber auch zwei Schlichter sein wie beim Tarifkonflikt 2010 für die Angestellten von Bund und Kommunen. Beide Seiten müssen mit der Person des Schlichters einverstanden sein. Die Aufgabe dabei ist, den Streit beizulegen und einen für beide Tarifparteien akzeptablen Kompromiss zu erzielen. Streik und Aussperrung erfolgen in der Regel erst, wenn die Schlichtungsbemühungen zu keinem Erfolg geführt haben.

Schlichtungsziel: Verhinderung eines Arbeitskampfes

Persönlichkeit des Schlichters

- Fachwissen
- Sachverstand
- Neutralität
- Verhandlungsgeschick
- Überzeugungskraft
- Anpassungsfähigkeit
- Kompromissfähigkeit
- Ausdauer

Ablauf der Schlichtung und Aufgaben des Schlichters

- Forderungen und Gründe beider Seiten gegenüberstellen
- Abwägung von Gründen
- Wirtschaftliche Lage und Erfüllbarkeit der Forderungen prüfen
- Lösungsvorschlag erstellen und mit Tarifparteien erörtern
- Lösungsvorschlag in Verhandlungsrunde einbringen, begründen und diskutieren
- Zustimmung der Kommissionsmitglieder erreichen

Arbeitgeber und Gewerkschaften

- Akzeptieren des Schlichters
- Wille zur Einigung
- Kompromissfähigkeit
- Keine Streiks und Aussperrungen während der Schlichtung
- Gegenseitiger Respekt

Merke Die Schlichtung soll lang andauernde Arbeitskämpfe verhindern, um den wirtschaftlichen Schaden klein zu halten. Eine staatliche Zwangsschlichtung gibt es aber nicht.

1. Beschreibt und erklärt, wie Schlichtungsverhandlungen ablaufen.
2. Erkläre und begründe, welche Voraussetzungen ein Schlichter haben sollte.
3. Gestaltet eine Schlichtungsverhandlung im Rollenspiel.

Auswirkungen von Tarifstreitigkeiten

Tarifauseinandersetzungen zwischen Arbeitgeber und Arbeitnehmer sind aufgrund der unterschiedlichen Positionen und Forderungen zwangsläufig. Unternehmer beklagen meist die zu hohen Lohnkosten und Sozialabgaben, weil sie zu Preissteigerungen und Wettbewerbsnachteilen führen. Die Gewerkschaften fordern höhere Löhne, weil die Lebenshaltungskosten gestiegen sind und sie am Unternehmensgewinn beteiligt werden wollen. Je länger sich Tarifstreitigkeiten mit Streik oder Aussperrung hinziehen, desto nachteiliger wirkt sich das auf Produktion, Umsatz, Wettbewerbsfähigkeit sowie die soziale Situation der Arbeitnehmer und die gesamtwirtschaftliche Lage einer Branche oder eines Landes aus.

Mögliche Auswirkungen

Unternehmen

Erhöhte Kosten werden aufgefangen durch:
- Anhebung der Preise
- Entlassungen
- Rationalisierungen
- Technikeinsatz anstelle von Menschen

Arbeitnehmer

Mehr Lohn und Gehalt wirken sich aus auf:
- Höhere Kaufkraft
- Lebensstandard steigt
- Höhere Sparquote
- Höhere Lohnsteuer
- Höhere Sozialabgaben

Staat

- Kurzfristig höhere Lohnsteuereinnahmen
- Arbeitslosigkeit kann steigen und Mehrausgaben verursachen
- Konjunkturelle und politische Instabilität

Arbeitsausfall durch Arbeitskämpfe

1. Beschreibt und interpretiert die beiden grafischen Darstellungen. Recherchiert im Internet unter Bundesagentur für Arbeit in der aktuellen Streitstatistik, welche Branchen besonders oft von Streiks betroffen waren.
2. Viele Unternehmen produzieren in verschiedenen Ländern. Welche Auswirkungen hat es, wenn sich die Arbeitnehmer länderübergreifend solidarisieren, um ihre Forderungen in einem „globalen Streik“ durchzusetzen?

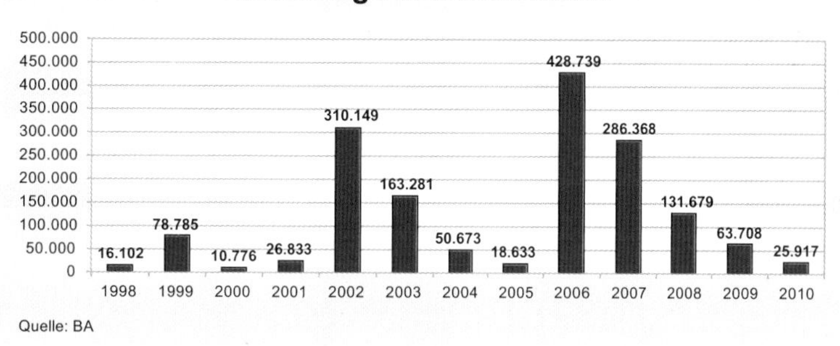

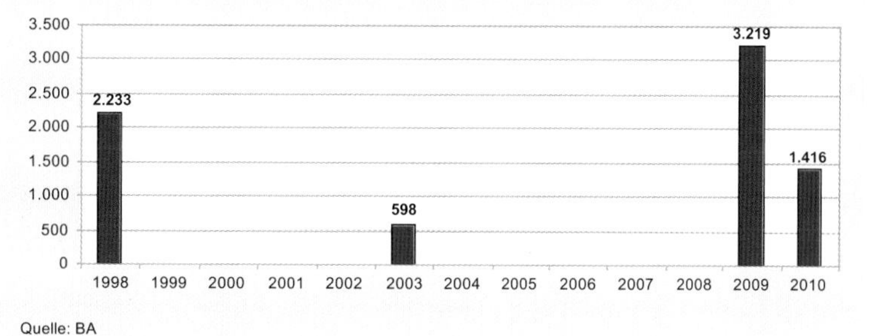

Neue Aufgaben der Tarifparteien

Unternehmer und Arbeitnehmer sind aufeinander angewiesen. Ihr gemeinsames Ziel ist die Existenzsicherung der Unternehmen und der Arbeitnehmer. Globalisierung sowie gesellschaftliche und wirtschaftliche Entwicklungen erfordern von beiden Seiten eine soziale Partnerschaft, die diesen Rechnung trägt. Neue Technologien, immer kürzere Liefertermine, internationale Handels- und Kapitalströme, internationale Arbeitsteilung sowie unsichere Märkte erfordern flexible Arbeitszeiten und Arbeitsformen, um wettbewerbsfähig zu bleiben.

Flexible Beschäftigungsmodelle

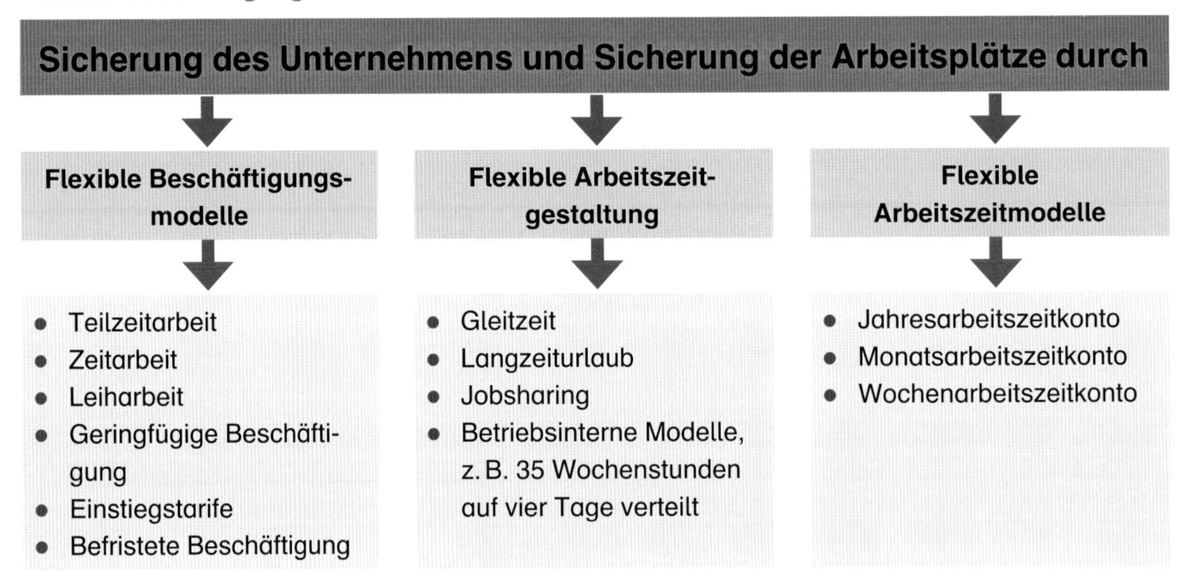

Die Regelungen der verschiedenen Beschäftigungs- und Arbeitszeitmodelle sind immer auch Gegenstand von Tarifverhandlungen. Sie bieten dem Arbeitnehmer durch Verminderung z. B. der täglichen Arbeitszeit oder durch Ansparen auf Arbeitszeitkonten die Möglichkeit, seine Arbeitszeiten nach seinen individuellen Bedürfnissen, z. B. Kinderbetreuung, Pflege der Eltern, Freizeitaktivitäten, zu gestalten.

Merke Flexible Arbeits- und Beschäftigungsformen sind neue Wege, die den Arbeitsplatz von Menschen und die Existenz von Unternehmen sichern.

1. Diskutiert die Vor- und Nachteile der verschiedenen Beschäftigungs- und Arbeitszeitmodelle.
2. Führt ein Expertengespräch mit Arbeitnehmer- und Arbeitgebervertretern zu den flexiblen Arbeitszeitmodellen.
3. Erkläre die Begriffe „internationale Arbeitsteilung“ und „unsichere Märkte“ an einem Beispiel.

Überprüfe dein Wissen!

Arbeitnehmer und Arbeitgeber

1. Welche unterschiedlichen Ziele und Ansprüche haben Arbeitnehmer und Arbeitgeber als Tarifpartner?
2. Erkläre mit eigenen Worten die geschichtliche Entstehung der Gewerkschaften.
3. Warum haben sich Arbeitnehmer und Arbeitgeber in Verbänden bzw. Gewerkschaften organisiert?
4. Welche Bedeutung haben der Deutscher Gewerkschaftsbund und die Bundesvereinigung der deutschen Arbeitgeberverbände?

Aufgaben und Verantwortung der Tarifpartner

1. Nenne Hauptziel und Hauptaufgabe der Tarifpartner.
2. Welche rechtlichen Grundlagen steuern die Tarifauseinandersetzungen? Nenne sie und erkläre ihre Inhalte.
3. Was bedeutet Tarifautonomie?
4. Erkläre die Bedeutung des Gültigkeitsbereiches von Tarifverträgen.

Der Tarifvertrag und seine Inhalte

1. Um welche Inhalte geht es bei den Tarifverträgen? Zähle sie auf und erkläre ihre inhaltliche Bedeutung, wenn möglich an Beispielen.
2. Wie unterscheiden sich Tarifverträge?
3. Erkläre die inhaltliche Bedeutung von folgenden Tarifvertragsarten: Verbandstarif, Flächentarif, Haustarif.
4. Welche Kennzeichen bestimmen den Manteltarifvertrag, den Rahmentarifvertrag und den Lohntarifvertrag?

Der Tarifvertrag und seine Entstehung

1. Drei Möglichkeiten führen zu einem neuen Tarifvertrag. Erkläre die drei Möglichkeiten der Entstehung anhand eines Verlaufsdiagramms.
2. Welche Arbeitskampfmaßnahmen können beide Tarifpartner einsetzen? Erkläre die Möglichkeiten und ihre Auswirkungen.
3. Erkläre, wie ein Wechselstreik funktioniert und welche Auswirkungen er hat.
4. Welche Aufgaben hat ein Schlichter im Tarifstreit?
5. Welche persönlichen Voraussetzungen sollte ein Schlichter erfüllen?
6. Erkläre den inhaltlichen Ablauf einer Schlichtung.
7. Gibt es eine staatliche Zwangsschlichtung?
8. Welche möglichen Auswirkungen haben Tarifstreitigkeiten auf Unternehmen, Arbeitnehmer und den Staat?

Neue Aufgaben der Tarifparteien

Gemeinsames Ziel der Tarifparteien ist die Sicherung von Arbeitsplätzen.

1. Welche derzeitigen Entwicklungen erfordern flexible Beschäftigungs- und Arbeitszeitmodelle?
2. Erkläre die Bedeutung und Inhalte der flexiblen Beschäftigungsmodelle.
3. Was versteht man unter „Flexiblen Arbeitszeitkonten“?
4. Was versteht man unter „Flexiblen Arbeitszeitmodellen“?

Auf einen Blick!

In diesem Kapitelabschnitt hast du erfahren, welch wichtige Funktion und Aufgaben als Tarifpartner die Arbeitgeber- und Arbeitnehmerverbände haben.

1. Erkläre die Zusammenhänge in Form eines Kurzvortrages. Verdeutliche sie dabei mit aktuellen Zahlen und Beispielen.

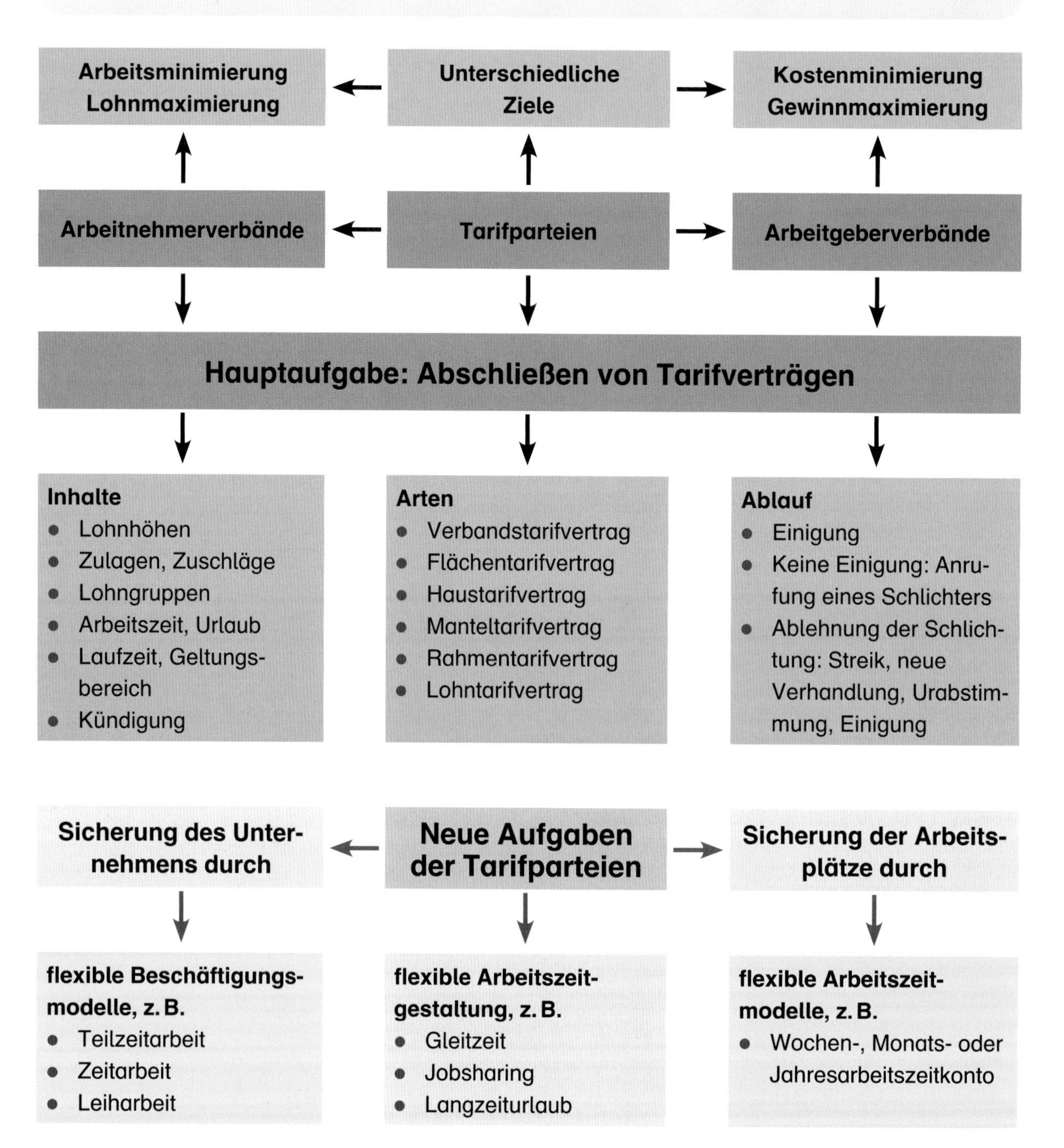

M inhaltliche Zusammenhänge erklären

5 Trittsteine für deinen Weg in die Berufs- und Arbeitswelt (Grundwissen)

Betriebliche Grundfunktionen

Jedes Unternehmen ist in mehrere Funktionen unterteilt. Dadurch gliedert er sich der Betrieb in Aufgabenbereiche, die eine geordnete Produktion oder Dienstleistung erst möglich machen. Grundlegende Bereiche des Unternehmens

Beschaffung/Einkauf	Produktion/Dienstleistung	Absatz/Verkauf
Lkw – Post – Bahn – Großmarkt – Lager – Maschinen – Anlagen – Mitarbeiter – Zwischenprodukte – Kapital	Herstellen – Reparieren – Züchten – Abändern – Schulen – Installieren – Instandhalten – Beraten – Service	Werbung – Marketing – Lkw – Post – Bahn – neue Märkte – Lieferung – Kundendienst – Endmontage – Preis – Vertrieb

Viele Unternehmen erweitern ihre wirtschaftlichen Bereiche, um konkurrenzfähig zu sein.

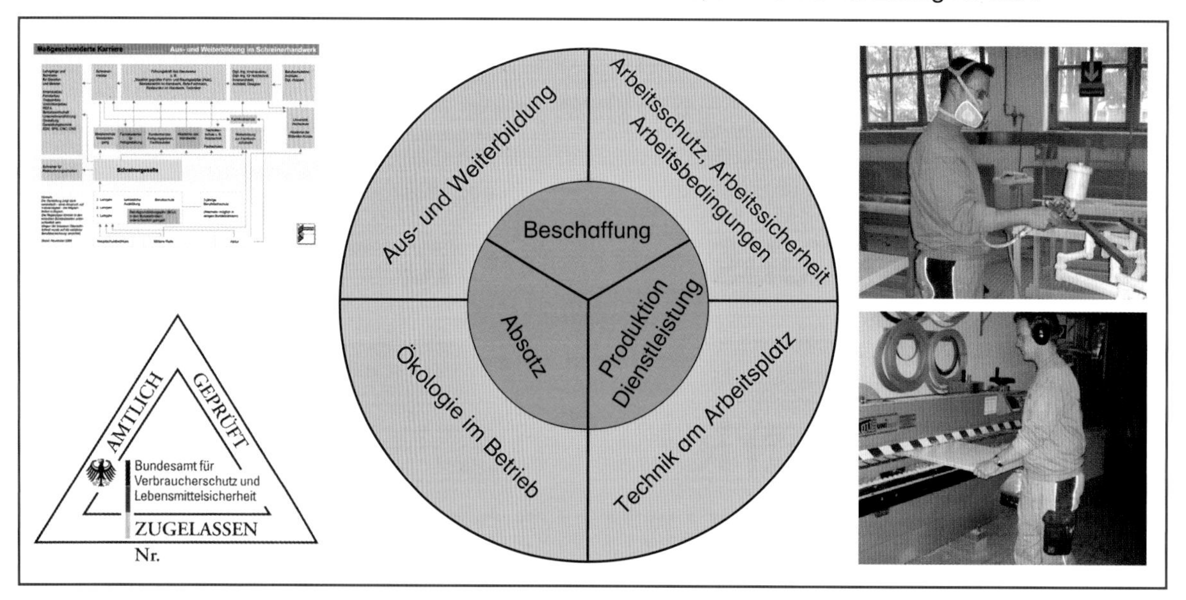

Merke Der Betrieb entscheidet selbst über wirtschaftliche Schwerpunkte. Aufgrund des internationalen Drucks durch andere Unternehmen (Globalisierung) entscheiden sich immer mehr Betriebsleiter dafür, diese vier zusätzlichen Bereiche weiterzuentwickeln.

Leitbild und Leitsätze der Betriebsführung

Nur mit engagierten Mitarbeitern kann ein Unternehmen Höchstleistungen erzielen. Deshalb entwickeln Betriebe Leitsätze, um die Leistungsbereitschaft der Belegschaft zu garantieren.

Unternehmensleitbild

Das Unternehmensleitbild gibt verständliche und motivierende Ziele vor. Das trägt dazu bei, dass sich die Mitarbeiter mit dem Unternehmen identifizieren.

Leitsätze des Unternehmens

Sie dienen als Wegweiser für die Mitarbeiter und fördern deren Motivation.

- Klar formuliert, damit ihn alle Mitarbeiter verstehen.
- Gibt konkrete Aussagen, wie die Mitarbeiter handeln sollen.
- Nennt gewünschte Kompetenzen der Mitarbeiter.
- Beschreibt Werte und Ziele der Unternehmensleitung.

In den Leitsätzen eines Unternehmens kommen häufig folgende Begriffe vor:
Kundenorientierung – Motivation und Qualifikation – Flexibilität und Leistungswille – Kostenbewusstes Denken und Handeln – Qualität – Teamarbeit – Umweltbewusstsein – Verantwortung für die Gesellschaft – Wissensvorsprung erarbeiten

Merke Das Unternehmensleitbild und die Leitsätze fördern
- die Zusammenarbeit zwischen Belegschaft und Firmenleitung,
- die Qualität der Produkte und Dienstleistungen,
- das Vertrauen der Kundschaft.

Lohnformen und Lohngestaltung

Löhne und Gehälter sind unterschiedlich. Dies hängt ab von der Art der Arbeit, vom jeweiligen Betrieb, von der Wirtschaftslage, der Auftragslage, der Person usw. ab.

1. Erkläre anhand der Übersicht, wie sich Löhne und Lohnformen zusammensetzen.

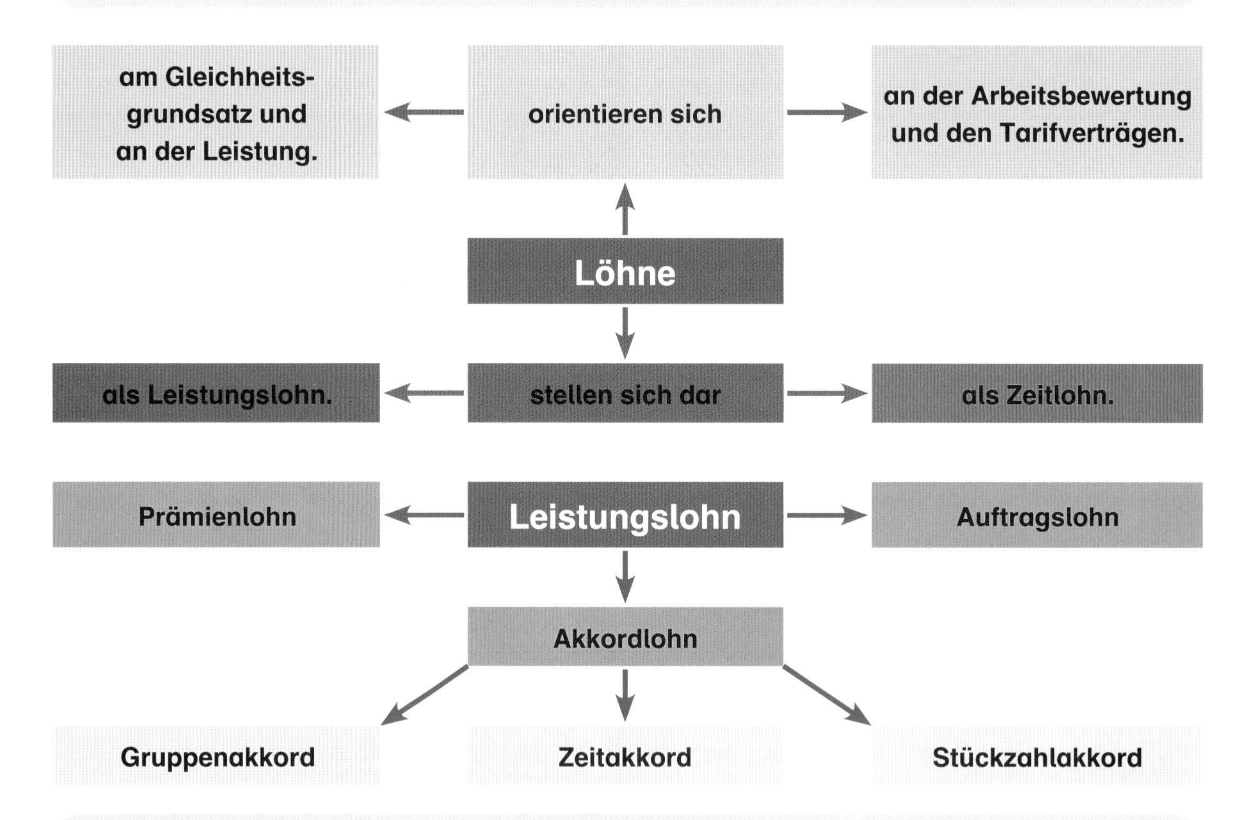

2. Erkläre anhand der Übersicht die Arten und Kriterien der flexiblen Lohngestaltung.

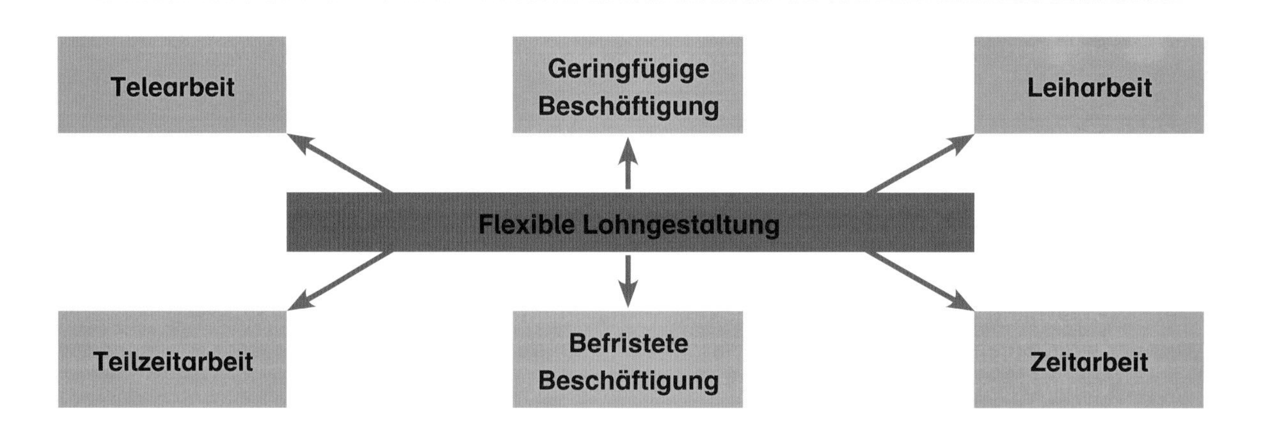

Lohn- und Gehaltsabrechnung

Jeder Arbeitnehmer erhält für seine geleistete Arbeit Lohn oder Gehalt. Die Lohn- bzw. Gehaltsabrechnung gibt Auskunft über den Bruttolohn, die Abzüge und den Nettolohn.

1. Erkläre und ergänze anhand der folgenden Darstellung, welche Angaben auf der Lohnabrechnung stehen, welche Bedeutung sie haben und wie sie berechnet werden.

Auf der Gehalts- bzw. Lohnabrechnung erscheinen

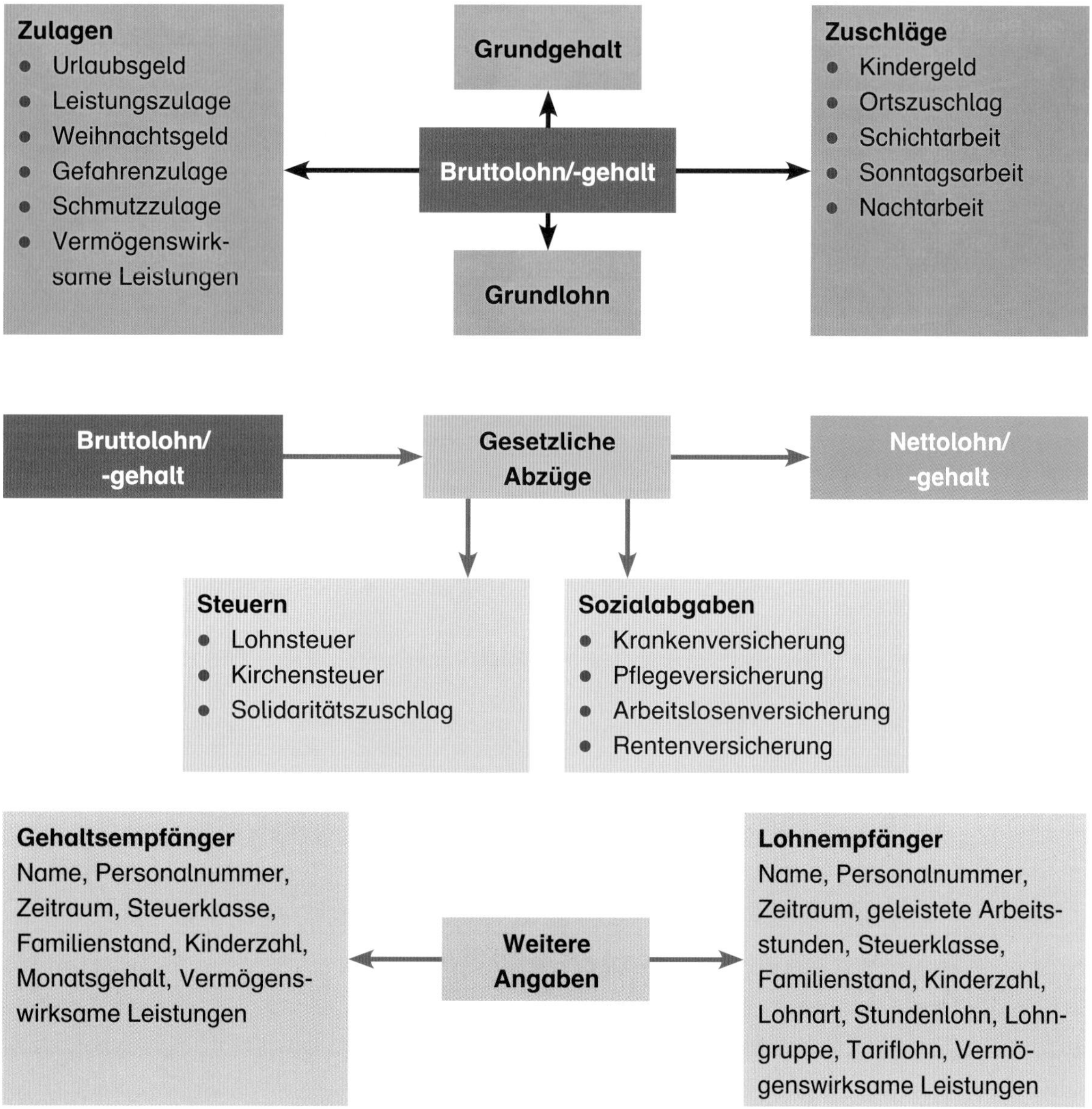

Bruttolohn/-gehalt → Grundgehalt / Grundlohn / Zulagen / Zuschläge

Grundgehalt

Grundlohn

Zulagen
- Urlaubsgeld
- Leistungszulage
- Weihnachtsgeld
- Gefahrenzulage
- Schmutzzulage
- Vermögenswirksame Leistungen

Zuschläge
- Kindergeld
- Ortszuschlag
- Schichtarbeit
- Sonntagsarbeit
- Nachtarbeit

Bruttolohn/-gehalt → **Gesetzliche Abzüge** → **Nettolohn/-gehalt**

Steuern
- Lohnsteuer
- Kirchensteuer
- Solidaritätszuschlag

Sozialabgaben
- Krankenversicherung
- Pflegeversicherung
- Arbeitslosenversicherung
- Rentenversicherung

Weitere Angaben

Gehaltsempfänger
Name, Personalnummer, Zeitraum, Steuerklasse, Familienstand, Kinderzahl, Monatsgehalt, Vermögenswirksame Leistungen

Lohnempfänger
Name, Personalnummer, Zeitraum, geleistete Arbeitsstunden, Steuerklasse, Familienstand, Kinderzahl, Lohnart, Stundenlohn, Lohngruppe, Tariflohn, Vermögenswirksame Leistungen

Kriterien für deine Berufswahl

In diesem Schuljahr hast du dich eingehend mit deiner Berufsorientierung und Berufswahl auseinandergesetzt. Im Betriebspraktikum hast du deine Vorstellungen, Wünsche und Erwartungen an deinen Wunschberuf überprüft und eventuell korrigiert. Lehrer, Berufsberater und außerschulische Experten haben dich informiert und dir Hilfen für deine Berufswahl gegeben. Nun musst du dich um einen Ausbildungsplatz bewerben. Auf dieser Seite findest du noch einmal die wichtigsten Kriterien für deine Berufswahlentscheidung.

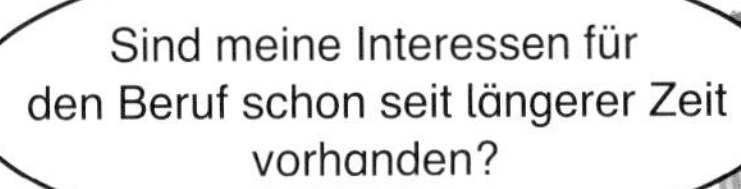

Besitze ich die für den Beruf nötigen Fähigkeiten, Kenntnisse und Eigenschaften?

Stimmen meine Wünsche und Erwartungen mit dem Profil meines Wunschberufes auch längerfristig überein?

Bringe ich die für den Beruf geforderten handwerklichen Fertigkeiten und Techniken mit?

Wie ist die Ausbildungsplatzsituation in der Region?

Bin ich bereit zu Mobilität und Flexibilität?

Welche beruflichen oder schulischen Alternativen habe ich?

Erfülle ich die körperlichen und geistigen Anforderungen des Berufes?

1. Überprüfe das Anforderungsprofil deines Wunschberufes mit deinem persönlichen Qualifikationsprofil. Denke auch über eine berufliche Alternative nach

Alles klar zum Berufsstart?

Im Verlauf der 8. Klasse hast du dich intensiv mit deiner beruflichen Zukunft beschäftigt. Betriebspraktika, Betriebserkundungen und viele berufskundliche Informationen haben dir bei deiner Berufswahl geholfen. Besonders wichtige Trittsteine für diesen Weg sind das Betriebspraktikum, die Bewerbung und das Vorstellungsgespräch.

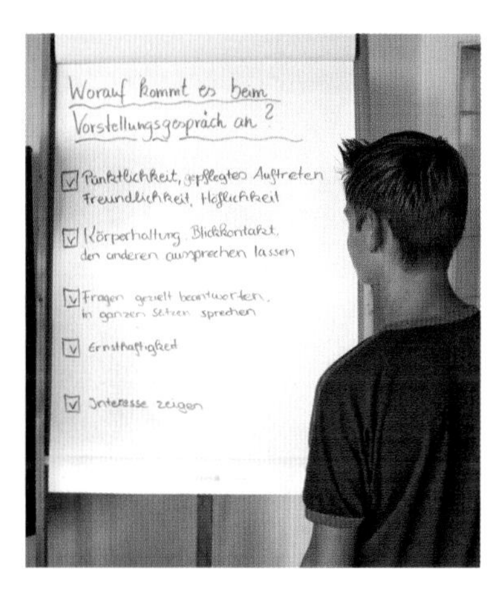

Das Betriebspraktikum ist eine „praktische" Entscheidungshilfe für deine Berufswahl. Im Praktikum konntest du Fähigkeiten und Fertigkeiten, die der Beruf von dir verlangt, erproben. Du hast erfahren, was Arbeiten während eines ganzen Tages bedeutet, wie anstrengend Arbeit ist. Das Betriebspraktikum hat dir aufgezeigt, dass ganz bestimmte persönliche Voraussetzungen gegeben sein müssen, um den Beruf auch ausüben zu können. Du konntest bestimmt feststellen, dass Arbeitstugenden wie z. B. Gewissenhaftigkeit, Pünktlichkeit, Höflichkeit, Teamfähigkeit und viele andere Eigenschaften wie etwa auch eine gewisse Fingerfertigkeit gefordert werden.

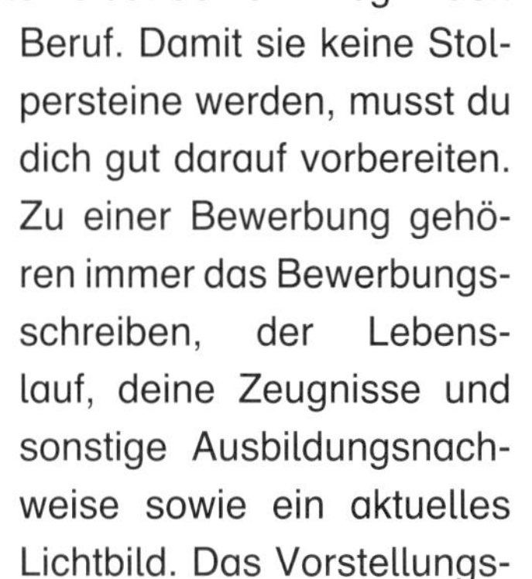

Bewerbung und Vorstellungsgespräch sind die nächsten Trittsteine auf deinem Weg in den Beruf. Damit sie keine Stolpersteine werden, musst du dich gut darauf vorbereiten. Zu einer Bewerbung gehören immer das Bewerbungsschreiben, der Lebenslauf, deine Zeugnisse und sonstige Ausbildungsnachweise sowie ein aktuelles Lichtbild. Das Vorstellungsgespräch ist deine große Chance. Es entscheidet mit über deinen zukünftigen Ausbildungsplatz. Deshalb gilt auch hier, sich richtig und umfassend darauf vorzubereiten. Dazu gehört nicht nur eine gepflegte, angemessene Kleidung, auch gute „Manieren" sind gefragt – und die inhaltliche Vorbereitung auf das Gespräch.

Merke Je umfassender und gründlicher du dich auf deine Berufswahl vorbereitest, desto sicherer wirst du einen für dich richtigen Beruf finden.

Fließfertigung und Arbeitsteilung

Die Fließ- oder auch Fließbandfertigung ist ein Fertigungsverfahren, das in der Industrie bei der Herstellung von Massenprodukten seine Anwendung findet. Zurückzuführen ist es auf Henry Ford, der durch Rationalisierung der Arbeitsgänge, durch Arbeitszerlegung und Arbeitszusammenführung die Kosten für die Herstellung eines Autos so senkte, dass es für einen Großteil der Menschen erschwinglich wurde.
Fließfertigung, Arbeitsteilung und Arbeitszerlegung sind auch heute in der Autoproduktion das grundlegende Fertigungsverfahren. Technischer Fortschritt, Entwicklung von Robotern, Optimierung der Arbeitsplätze sowie eine permanente Aus- und Weiterbildung der Mitarbeiter erhöhen die Produktionszahlen für die Massenfertigung.

Kennzeichen der Fließ- oder Fließbandfertigung

Arbeitsplätze und Maschinen sind nach dem Fertigungsablauf angeordnet. Werkstücke „fließen" auf dem Band von einem Arbeitsplatz zum anderen.

Mehrere Menschen, je nach Fließbandlänge, führen nacheinander festgelegte Arbeiten aus, wobei das „vorbeifließende" Teil weiter bearbeitet wird.

Der Arbeitsablauf ist zeitlich getaktet, d. h., dass z. B. eine Bohrung in einer exakt festgelegten Zeit erledigt sein muss.

Merke Die Fließfertigung ist ein arbeitsteiliger Herstellungsprozess. Die Arbeitsplätze am Fließband sind durch den Zeittakt so aufeinander abgestimmt, dass das Werkstück in einer bestimmten Zeit diese Arbeitsplätze durchläuft. Vorteil sind die gute Planbarkeit und Steuerung des Produktionsablaufs, die Herstellung hoher Stückzahlen und der Einsatz von angelernten Arbeitskräften.

6 Zum Nachschlagen

AWT-Lexikon

Absatzstrategien
sind Maßnahmen, die Betriebe ergreifen, um ihre Firma bekannt zu machen und ihre Produkte besser zu verkaufen.

Analytische Arbeitsbewertung
gliedert die Anforderungen eines Arbeitsplatzes in Einzelanforderungen auf, bewertet diese und ordnet sie in ihrer Summe einer Lohngruppe zu.

Arbeitsbewertung
stellt durch wiederholte Beobachtung die Anforderungen einer Arbeit fest und ordnet sie einer Lohn- bzw. Gehaltsgruppe zu.

Arbeitsorganisation
hat das Ziel, durch Einsparung von Zeit, Material und Energie möglichst kostengünstig zu produzieren.

Arbeitszeitkonten
sammeln nicht bezahlte Arbeitszeiten, die später durch Freizeit ausgeglichen werden.

Arbeitszerlegung
bedeutet, dass die zu leistende Arbeit für ein Produkt in einzelne Arbeitsschritte aufgegliedert wird.

Ausbildungsmessen
stellen in Veranstaltungen Ausbildungsberufe vor. Oft werden sie auch mit einer Lehrstellenbörse verbunden.

Ausschreibung
ist die Bekanntgabe und genaue Beschreibung von geplanten Arbeiten und Aufträgen, um verschiedene Preisangebote einzuholen.

Aussperrung
ist eine Gegenmaßnahme der Arbeitgeber bei einem Streik. Sie verweigern allen Arbeitnehmern den Zutritt zum Betrieb oder kündigen ihnen das Arbeitsverhältnis.

Bedarfsanalysen
sind Umfragen, ob und unter welchen Bedingungen Kunden bereit sind, ein bestimmtes Produkt zu kaufen.

Berichtsheft
umfasst die Dokumentation aller im Betriebspraktikum gemachten Erfahrungen.

Berufswahlpass
ist ein Portfolio, in dem alle für die Berufswahl wichtigen Informationen zu Berufen, Ausbildungsplätzen usw. gesammelt werden. In den Berufswahlpass gehören Bewerbung, Lebenslauf, Dokumente, Zertifikate, Nachweise über abgeleistete Betriebspraktika, Praxiserfahrungen usw.

Betriebsspiegel
beschreiben einen Betrieb: z. B. Größe, Beschäftigte, Kunden, Geräteausstattung

Betriebspraktikum
ist das praktische Tätigwerden in einem angestrebten Beruf. Es vermittelt einen konkreten Einblick in den Beruf, die Berufs- und Arbeitswelt.

Bildungsmessen
sind öffentliche Veranstaltungen, in denen sich Betriebe, Firmen, Fachschulen und berufliche Einrichtungen vorstellen und ihre Ausbildungsmöglichkeiten aufzeigen.

Bruttolohn
ist der Verdienst einschließlich aller Zulagen und Zuschläge vor Abzug von Steuern und Sozialabgaben.

Distributionspolitik
regelt die Art und die Wege der Warenverteilung einer Firma oder eines Betriebs an den Verbraucher.

Dokumentationen
sind Bescheinigungen, Zeugnisse und andere schriftliche oder bildliche Aufzeichnungen, die der Bestätigung von Vorgängen oder Eigenschaften dienen.

Entgelt
ist der Lohn für eine Arbeit oder Dienstleistung.

Fließfertigung
ist ein arbeitsteiliger Herstellungsprozess, bei dem das Werkstück zur Bearbeitung die Arbeitsplätze am Fließband in einer bestimmten Zeit durchläuft.

Freibeträge
werden auf der Lohnsteuerkarte eingetragen. Sie sind Lohn- oder Gehaltsbeträge, für die keine Steuern bezahlt werden müssen.

Gewinn- und Verlustrechnung
ist die Gegenüberstellung von Einnahmen und Ausgaben, die entweder einen Gewinn oder einen Verlust ausweist.

Globalisierung
bezeichnet die zunehmende Verflechtung und Internationalisierung der Märkte auf der Welt durch multinationale Unternehmen, vermehrten Handel, Finanzwesen, neue Technologien wie z. B. Information, Transport, Verkehr usw.

Grundfunktionen
eines Betriebes sind die drei Abteilungen Beschaffung, Produktion und Absatz.

Inselfertigung
ist die möglichst vollständige Bearbeitung von Produktteilen oder Endprodukten. Mitarbeiter produzieren mit den gleichen Maschinen in einem abgegrenzten Bereich. Vorteile: Meist sind die gleichen Arbeiter in einer Gruppe zusammen und können flexibel arbeiten.

Investitionen
bezeichnen die Geldmittel, die für Produktions- und Betriebsgüter ausgegeben werden. Investitionsgüter sind z. B. Maschinen, Gebäude, Einrichtungen.

Just in time
bedeutet, dass bei der Herstellung eines Produktes die dafür benötigten Teile zum richtigen Zeitpunkt vorhanden sind. Dieses Verfahren erspart eine kostenaufwendige Lagerhaltung.

Leistungslohn
und seine Höhe wird durch die erbrachte Leistung berechnet.

Logistik
umfasst alle Maßnahmen, die den rechtzeitigen Nachschub von Materialien und Waren sicherstellen.

Logistikcenter
übernehmen für andere Betriebe die Lagerung, den Nachschub und die Verteilung von Waren.

Lohnformen
unterteilt man in Zeitlohn und Leistungslohn. Sie sind Formen des Entgelts, das an Arbeitnehmer gezahlt wird.

Lohngruppen
sind Arbeits- und Anforderungsbeschreibungen, denen eine gewisse Lohnhöhe zugeteilt ist.

Lohnnebenkosten
umfassen die Kosten, die der Arbeitgeber zusätzlich zu den Lohnzahlungen für seine Arbeitnehmer leisten muss. Es gibt gesetzliche, tarifliche und freiwillige Lohnnebenkosten.

Marketing
umfasst alle den Verkauf eines Produktes fördernden Maßnahmen, um seinen Absatz zu steigern.

Nettolohn
ist der Lohn, den man nach Abzug von Steuern und Sozialabgaben ausbezahlt bekommt.

Outsourcing
beschreibt die Verlagerung von Teilen der betrieblichen Arbeit an Fremdfirmen.

Persönlichkeitsprofil
ist die Auflistung der Fähigkeiten, Fertigkeiten, Interessen, Hobbys, Stärken, Schwächen und Talente einer bestimmten Person.

Produktionsideen
sind die Überlegungen eines Betriebsinhabers, was er herstellen und verkaufen will.

Produktivität
sagt aus, wie viel Ertrag bei einer Arbeit oder der Herstellung einer Ware in einer gewissen Zeit mit einem gewissen Aufwand erwirtschaftet wird.

Produktpolitik
versucht, die eigenen Produkte oder Dienstleistungen den Bedürfnissen der Verbraucher anzupassen.

Qualifikationsprofile
zeigen die Interessen, Wünsche, Erwartungen Fähigkeiten, Fertigkeiten und Neigungen von Personen.

Rentabilität
ist immer dann gegeben, wenn der Aufwand geringer ist als der Ertrag.

Schlichter
vermitteln bei Arbeitskämpfen zwischen den Tarifpartnern und versuchen eine Kompromisslösung zu erreichen.

Simulation
meint das Nachspielen bestimmter Situationen und Vorgänge wie z. B. das Vorstellungsgespräch.

Steuern
sind Abgaben an den Staat, mit denen dieser seine Aufgaben finanziert. Man unterscheidet zwischen direkten und indirekten Steuern.

Streik
bedeutet, dass die Arbeitnehmer ihre Arbeit vorübergehend niederlegen, um höhere Löhne oder bessere Arbeitsbedingungen zu erreichen.

Summarische Arbeitsbewertung
fasst die Anforderungen eines Arbeitsplatzes zusammen, bewertet sie und teilt sie dann der entsprechenden Lohn- oder Gehaltsgruppe zu.

Tarifautonomie
bedeutet, dass sich der Staat nicht in die Arbeitskämpfe oder Tarifverhandlungen der Tarifpartner (Gewerkschaften und Arbeitgeberverbände) einmischen darf.

Tarifpartner
sind die Arbeitgeberverbände und die Gewerkschaften.

Umfragen
dienen dazu, Kundenwünsche herauszufinden, z. B., welche Produkte oder Dienstleistungen gefragt sind.

Vernetzung
ist die Verbindung verschiedener elektronischer Arbeitsplätze (Computer) zur besseren Information und auch Produktion.

Werkstoff
ist ein Hilfsmittel aus stofflicher Natur (z. B. Metalle, Erze, Hölzer). Er wird bei der Produktion weiterverarbeitet und geht in irgendeiner Form in das Endprodukt ein oder wird bei dessen Herstellung verbraucht.

Zeitlohn
und seine Höhe wird von der Arbeitszeit bestimmt.

Zertifikate
sind amtliche Bescheinigungen von Leistungen, die häufig durch Prüfungen nachgewiesen sind.

Zukunftswerkstatt
zeigt eine Methode auf, mit der man bestimmte Entscheidungen umfassend vorbereiten kann, z. B. die Berufsentscheidung oder Entscheidungen für eine bestimmte Lebensform.

Zulagen/Zuschläge
sind zusätzliche Zahlungen des Arbeitgebers zum Lohn des Arbeitnehmers für besondere Belastungen am Arbeitsplatz, z.B. Lärm, Staub, gefährliche Stoffe, Nachtarbeit, Wochenendarbeit usw.

Stichwortverzeichnis

Quellenverzeichnis

Fotos und Schaubilder
Bergmoser + Höller Verlag AG, Aachen: S. 109 o., 112, 113, 120 – **Bibliographisches Institut GmbH, Dudenverlag, Mannheim u. a.:** S. 139 (Coverabbildungen: Duden Technik 2004, Duden Politik 2004, Schülerduden Wirtschaft 2005, Schülerduden Politik und Gesellschaft 2005) – **Bundesagentur für Arbeit, Nürnberg:** S. 67 – **Bundesamt für Verbraucherschutz und Lebensmittelsicherheit (BVL), Berlin:** S. 22 o. r., 132 (Zulassungszeichen) – **DESOMED Dr. Trippen GmbH, Freiburg:** S. 36 – **Der neue Tag, Weiden:** S. 73 (Fotos: Rudolf Hirsch) – **Bernhard Dürr, Velburg:** S. 86 u. l. und r. – **Thomas Duxner, Waldkraiburg:** S. 7, 8, 9 (alle außer Grafik), 12 – 19, 20 (alle außer M. l. und u. l.), 21, 22 (l. und u.), 23 – 25, 28, 29, 30 (alle außer Weltkugel), 32 – 35, 37, 38, 132 (Schreiner), 133 – **Exact Software Deutschland GmbH, München:** S. 114 – **Fachverband Schreinerhandwerk Bayern (www.schreiner.de):** S. 31, 132 (Schaubild) – **Fotolia.com:** Umschlagseite 1 (o. r. [© Fabian Rothe]; u. l. [© Kzenon]), S. 20 M. l. (© Johanna Mühlbauer), 100 (l. [© mark yuill]; r. [© Ingo Bartussek]), 101 (l. [© flashpics]; M. [© Diana Kosaric]; r. [© ymk]), 107 (© Klaus-Peter Adler) – **Holz-Berufsgenossenschaft, München:** S. 27 – **JOKER, Bonn** (D. Ausserhofer): S. 72 – **mauritius images GmbH, Mittenwald:** Umschlagseite 1 o. l. – **MEV Verlag GmbH, Augsburg:** Umschlagseite 1 u. r., S. 30 (Weltkugel), 76, 77, 99, 105 r. – **Josef Moser, Amberg:** S. 41, 43, 45 – 51, 57 – 59, 61 – 63, 64 (außer Grafik), 65, 66, 68 u. l., 74, 75, 78, 79, 82, 83, 84 o., 85, 86 o., 87, 88, 90 – 92, 93 o. l., 95, 96 o., 136, 137, 139 – **picture-alliance:** S. 20 u. l. (FLORA PRESS), 68 o. r. (ZB/Waltraud Grubitzsch, 93 o. r. (dpa/Schulte), 105 l. (dpa/Heinz von Heydenaber), 108 (dpa-infografik), 109 u. (dpa/Wolfgang Kumm), 115 (dpa-infografik), 116 (dpa-infografik), 126 (dpa/Franz-Peter Tschauner), 131 (allOver/Karl Thomas) – **SV Bilderdienst, München:** S. 125 – **Tandem Verlag, Königswinter:** S. 139 (Coverabbildung: Multimedia-Lexikon o. J.) – **ullstein bild, Berlin:** S. 26 u., 138 – **Verlagsarchiv:** S. 80, 84 u. (Berichtsheft von Klaus Pätzold) – **Wissen Verlag, Herrsching:** S. 139 (Coverabbildung: Das neue Lexikon in Farbe o. J.) – **Zweiburgen Verlag, Weinheim:** S. 139 (Coverabbildung: Das große Lexikon in Farbe o. J.)

Grafiken
Hendrik Kranenberg, Drolshagen: S. 9 o., 26 o., 132 o. – **Aleš Vrtal, Kemmern:** S. 53, 64, 81, 96 u.

Literaturnachweis
S. 35: Wochenplan – Beschäftigung/Gestaltung (Ausschnitt): Kursana Domizil Ampfing, Sozialdienst, 16.04.2010 – **S. 103f., 107:** Unterlagen und Informationen (Entgeltrahmentarifvertrag/Orientierungsbeispiele zur Eingruppierung/Entgelttabelle 2011) von der IG Metall Bezirk Bayern – **S. 122:** Tarifvertragsgesetz: In Kraft seit 09.04.1949, Fassung vom 25.08.1969, zuletzt geändert durch Artikel 223 der Verordnung vom 31. Oktober 2006 (BGBl. I S. 2407) – **S. 127:** Statistik der Bundesagentur für Arbeit – Arbeitsmarkt in Zahlen, Streikstatistik, Nürnberg, Berichtsjahr 2010 (Zahlenmaterial für die Grafiken entnommen aus: Streiks und Aussperrungen – Zeitreihe ab 1984)